雷浩斯 教你
破解巴菲特護城河
選股祕密

雷浩斯◎著

▶▶Chapter **1**

前置準備》搞懂質化分析基本觀念

►►Chapter **2**

確認優勢》尋找進入能力圈經營者

▶▶ Chapter **3**

精準出擊》篩出具護城河優勢標的

▶▶Chapter 4

提高勝率》掌握交易心理活化操作

不斷進化的智慧投資人

寫這篇推薦序時，我回想起《Smart 智富》初次採訪雷浩斯已是９年前的事了。９年前，當時還一臉青澀的他，已有著超越真實年齡的老練投資智慧，足堪為散戶學習股票投資的典範。

不過，他不以此自滿，這些年來日日夜夜精益求精，持續深化自己在投資上的修為。這位令諸多散戶效仿的投資導師，又是以誰作為自己學習的導師呢？答案是「市場」，以及３位大師 —— 企管大師柯林斯（Jim Collins）、股神巴菲特（Warren Buffett）與成長股之父費雪（Philip Fisher）。

柯林斯著有多本企業管理大作，其中以《從Ａ到Ａ＋》（Good to Great）最為國人熟悉，書中提到優秀企業如何

精益求精、更上層樓，變身成為卓越企業；巴菲特則是首先提出護城河理論，凡是Ａ＋級企業，必然有著寬廣的護城河，保護企業不會輕易被景氣循環與市場競爭擊潰；費雪則重視有序成長，認為這一種企業能逐漸強盛，終致偉大的重要基石。

要解析３位大師的觀念不算太難，但要實際轉化到台股應用，著實不易。這正是雷浩斯在這本新書中致力想達成的目標。畢竟，台股是個相對淺碟的市場，又是以外銷導向、代工經濟與中小企業為核心，這跟美國的Ａ＋級企業、擁有龐大內需、世界級品牌、傳承數十年甚至百年的企業根基，大不相同。

拆解美國成功企業的本質，找出它們得以建立龐大護城河的核心能耐，再應用到台股上，這個艱鉅任務，在雷浩斯這位不斷進化的智慧投資人筆下，卻彷彿信手拈來、水到渠成，顯得毫不費力。

但我相信，在看似簡單、易讀的文字下，匯萃其間的投資智慧，是作者經過一再深思與對市場觀察研究而得；讀

者們何其有幸,包括我,能夠只花短短時間,就能汲取他的知識與經驗。

最後,我想以大文豪托爾斯泰(Leo Tolstoy)作品中的一句話來作為結尾:「幸福的家庭都是相似的,不幸的家庭各有各的不幸。」成功企業,看起來模樣相似、業務單純又無聊,乍看並不起眼;失敗的企業,走過之路波瀾萬丈、歷程精彩萬分,卻有著各式各樣導致它們走向失敗的原因。

化繁為簡,以簡馭繁,從簡單中建立強大的力量,正是A十企業的護城河所在,也是本書精髓,推薦給大家。

《Smart 智富》月刊社長

熟練質化分析基本功
挖出內在價值成長股

投資的目的，就是要讓你的總資產持續成長。因此，你所建構的持股投資組合，是要能在多頭時，漲幅超越大盤；空頭時，即使下跌，跌幅也要比大盤來得少，進而每次的股市循環之間，報酬率將可持續領先大盤、累積優勢。

為此，投資組合除了要保留部分現金等待機會之外，剩下的資金必須要投入市場上最優質的公司，並且在眾人低估它的時候買入。透過這些「內在價值成長股」的成長動能，使你的資產增值。

投資內在價值成長股報酬率高於傳統存股法

本書《雷浩斯教你破解巴菲特護城河選股祕密》的研究

目的，是要找出未來 5 年「內在價值」可以持續增長的公司。這類公司最明顯的營運成果，就是 5 年之後的稅後淨利會明顯的提升；因此，只要用合理價買入該公司，持有多年之後就會變成相對便宜的價格。

由於營收和獲利會持續提升，所以該公司的股價高點會愈來愈高，相對低點也會愈來愈高。猛一看，這類公司似乎很像「熱門成長股」；實際上，它們是所謂的「內在價值成長股」，而非短期熱門股。和短期熱門股最大的不同，就是具備「護城河」，公司的獲利不會因為競爭過度而減少，同時避開短期熱門股的「一代拳王」宿命。

也因為內在價值能夠持續提升，這類公司最好長期持有，沒必要短進短出，而這種投資方式很容易跟另外一種投資法——「存股」搞混。多數的存股投資法，是買進穩定且高現金股利、高配息率、高殖利率的公司，藉此取得現金股利收入；但這類存股型的公司，往往是非常成熟的產業，產業成長率有限，所以投資人的報酬率不會大幅增長。

相較之下，內在價值成長股的殖利率不見得特別高，因

為公司將盈餘保留起來可以創造更高的價值,所以現金股利發放率相對偏低。但公司創造的價值成長,將使股東得到更大的收益,最後股東將取得比傳統存股投資法更高的報酬率。

高機率洞察力是質化分析必備武器

這類投資風格,是效法成長股大師菲利普‧費雪(Philip Fisher)和股神華倫‧巴菲特(Warren Buffett)的投資方式,買入具有護城河的內在價值成長股,因此投資人必須要具備「質化分析」的技術。

質化分析的重點就是分析「人、能力圈、護城河」(詳見圖1),雖然這種分析不是一種精確的科學,卻是一種可以辨識出內在價值成長股的模式。為了方便讀者學習,本書將大量以台股知名上市公司台積電(2330),以及巴菲特建構的波克夏(Berkshire Hathaway)這兩家公司,作為主要的分析案例,輔以其他個股作為補充。

透過研究這些成功公司的案例,我們可以整理和歸納出

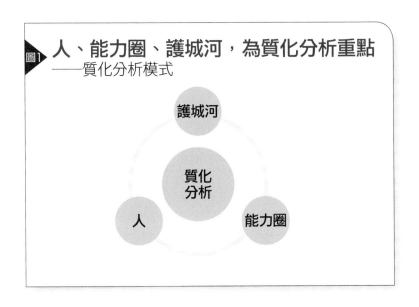

圖1 人、能力圈、護城河，為質化分析重點
——質化分析模式

護城河

質化
分析

人

能力圈

一些模式，然後用來檢視持股，進而增加投資信心，改善投資績效，修練巴菲特所說的「高機率洞察力」，這種洞察力是質化分析必備的武器。

　　雖然質化分析並不容易，但也不會特別困難。我希望能將這些重要的概念清楚地傳達給讀者。所以我希望當你看到這些文字時，能夠有我和你面對面講話的感覺一樣，因為對於文字，我一向認為**與其精雕細琢，不如直率有力**。

本書的目標讀者並非不具備基礎知識的投資新手,而是鎖定在追求「巴菲特／費雪」投資風格的投資人;我的目標是傳承火炬,至於我表現的好壞,則交由讀者來判定。

如果本書中的概念對你有幫助,這些智慧皆來自於所有的投資大師;如果本書內容有所錯誤,則是我本人應負的責任;如果你在本書看到一些和過去重複的概念,那是代表這些概念異常重要,同時也代表了投資成功的關鍵。而差別就在於:**過去模糊感受的投資概念,現在可以清晰的理解;過去單憑直覺察覺的選股跡象,現在則可以透徹了解背後運作的原理。**

如同西洋棋八冠王及太極拳世界冠軍喬希·維茲勤(Josh Waitzkin)在他的著作《學習的王道》(The Art of Learning)裡面說的一樣:

「讓我們攀上高峰的不是奇招,而是熟能生巧的基本招式。」

▶▶Chapter **1**

前置準備
搞懂質化分析基本觀念

● 評估公司品質3重點：
1-1 人、能力圈、護城河

　　如果你了解價值投資，那麼你可能知道價值投資有兩種體系，第一種是偏重數字的量化分析派，這個系統以價值投資之父——班傑明・葛拉漢（Benjamin Graham）為主；另一種是偏重公司經營品質的質化分析派，以成長股之父——菲利浦・費雪（Philip Fisher）為主。

　　這兩種系統並不是衝突的概念，只是評估的重要項目和方式不同。財報量化分析像是拍下照片，質化分析則像一連串的動態影片，而價值投資者必定會同時分析這 2 個要素。

　　《巴菲特的投資原則：股神唯一授權，寫給合夥人的備忘錄》（Warren Buffett's Ground Rules:Words of Wisdom from the Partnership Letters of the World's Greatest Investor）這本書收錄了華倫・巴菲特（Warren Buffett）對價值投資的觀點。他在 1967 年寫給合夥事業股東信中說到：「投資股票同時必須考慮量化和質化要素。」偏重量化分析的投資人會說：「買對價格，就會有好的報酬率。」偏重質化分析的投資人則會說：「買對公司，股價自己會上漲。」

運用質化分析，小紡織廠變身波克夏帝國

「買對價格」代表買入價格夠低、有安全邊際，比較不重視公司的品質；即使買的標的不是好公司，只要買進成本夠低就好；「買好公司」則相反，代表重視公司的品質，買入價格可能不夠便宜，但隨著時間過去，公司的品質將提升內在價值，投資人會透過價值成長獲利。

巴菲特又說：「如果量化分析得出明顯的結論，投資人往往會有比較確定的獲利；質化分析則需要仰賴洞見，但洞見不常出現。而真正能讓投資人賺大錢的，通常是做對質化決定。」他也用自己的投資成果印證這段話。

1960 年代，巴菲特在經營合夥事業時期的時候，運用葛拉漢的量化分析方式，得到了驚人的報酬率。之後在執掌波克夏（Berkshire Hathaway）時期，運用了費雪的質化分析方式，得到了更驚人的成就。他將小小的紡織廠，打造成無與倫比的巨大投資帝國。

根據《少了巴菲特，波克夏行不行？》（Berkshire Beyond Buffett:The Enduring Value of Values）這本書的說法，波克夏帝國的營收等於紐西蘭國家 GDP（國內生產毛額）！這樣的成就不但前無古人，很可能也後無來者。所以巴菲特的朋友、創立紅杉基金（Sequoia Fund）的比爾・魯安（Bill Ruane）說：「葛拉漢寫了價值投資的『舊約聖經』，巴菲特寫了『新約聖經』。」

找出公司成功關鍵，分析能否維持卓越表現

價值投資的「新約聖經」，就在於著重「質化分析」。

什麼是質化分析呢？大多數的人對質化分析的認知就是：「分析一家公司所處的產業前景、該產業未來的成長率，

或者是否開發具有爆發力的未來創新產品等。」但是嚴格說來，這些分析應該是產業的質化分析，而非公司的質化分析。

一家公司的質化分析，主要是分析公司的「品質要素」。所謂的品質要素，就是該公司能否持續維持卓越的表現，不但過去表現良好，未來也持續地邁向卓越。長期持有這樣優秀的好公司，才能給價值投資者帶來豐厚的收益。

影響品質要素的重點有 3 項：「人、能力圈、護城河」，這些要素反映在波克夏年報、巴菲特所寫的致股東信上，巴菲特指出，投資股票的風險評估因素如下：

1. **人的評估**：公司管理階層品格可靠的程度，是否以股東為重，而不是中飽私囊。
2. **能力圈的評估**：管理階層是否能充分發揮企業潛力，並且明智的運用現金流。
3. **護城河的評估**：公司長期可以維持的競爭優勢。

以上 3 項分析完畢後，才開始評估是否買進該公司。

質化分析雖然無法非常精確，但只要整體的推估過程合理，並且和該公司反映出來的營運成果相同，那麼這樣的評估，就足夠支持明智的投資決策。

　　這種分析的目的，就是找出「成功公司之所以成功的關鍵」。我所謂的「成功公司」，就是在未來 5 ～ 10 年，內在價值都會持續成長的公司。這些成長將反映在稅後淨利上，所以稱之為「內在價值成長股」，只要你找到這類公司，無論是長期持有，或是波段操作，都能夠有豐厚的投資成果。

巴菲特的質化分析＝洞察力＋反市場操作

　　當然，這類公司都不會太便宜，因此你只能用合理價格買入，很難用低於內在價值的價格買入。但即使你用合理價買入這些公司，隨著內在價值的成長，股價也會因此上漲，過了多年之後，當初的合理價看起來會變得異常便宜。即使是內在價值成長股，在某 1、2 年也會有股價低迷的時候；股價低迷有很多原因，有可能是成長不如市場預期，也有可能剛好出現 10 年一輪的景氣循環低點。如果你的

運氣很好，剛好在市場低迷的時候手握現金，那麼你就可以用更便宜的價格，買入內在價值成長股。

這種擁有洞察力，和反市場操作的投資法，就是巴菲特的質化分析技術。

弔詭的是，巴菲特雖然是全世界最知名的投資人，但他卻很少被深入的了解。有人說巴菲特的持股只買不賣，也有人說巴菲特是靠保險業的槓桿才賺錢（那其他保險業者在做什麼？為何沒賺錢？），也有人說巴菲特的方式只有在美國有用（但美國人口眾多，也不是每個美國人都是投資大師啊）……。

這些人的說法往往讓我想起一個古老的故事：瞎子摸象。由於巴菲特的知名度實在太高，所以大多數的人對巴菲特的投資都略有概念，因此人人都能插上一嘴。

但真正要了解巴菲特，應該找出巴菲特所有的資料，然後按照年份做出編年史，了解這些年份中的重要事件，和他當時的心路歷程及想法，與他如何建構自己的投資優

勢……，如此一來，對巴菲特的投資操作，才算是有深刻
的理解。

波克夏利用收購子公司，增強內在價值

　　舉例來說，有的人會認為巴菲特是基金經理人。如果你
指的是 1956 年開始運作的巴菲特合夥事業（註 1），經
營到 1969 年解散為止的這段時間，巴菲特的行為的確比
較像基金經理人沒錯，每年募集資金來投資，創造報酬之
後，分給投資人。

　　但 1965 年後執掌波克夏公司的巴菲特，並不是基金經
理人（因為他沒有對外募資基金），而是以投資為主的經
營者；他將事業營運交給經理人，自己完全不插手、只負
責資本配置。

註 1：巴菲特合夥事業
巴菲特於 1956 年成立第 1 家合夥事業公司，名為「巴菲特聯合有限公司」
（Buffett Associates,Ltd），而後陸續成立其他合夥事業公司。1962 年 1 月 1 日，
巴菲特將所有合夥事業公司解散，統一組成「巴菲特合夥事業有限公司」（Buffett
Partnership,Ltd.），而後於 1969 年正式解散。

他運用紡織廠產生的現金購買保險公司，再將資金配置到股票投資和公司收購，以提高資本報酬率，2種投資方式各有優缺點。例如，買股票可選擇的投資標的較多，且當股價下跌時，可用低估價進場撿便宜，也可以在股市高點出脫，優點是較具機動性。缺點則是獲利了結的利潤需繳35%的稅金給政府，且需要高度依賴巴菲特的決策。

而收購公司則是將該公司納為波克夏的子公司，子公司營運產生的現金流可供波克夏運用；通常巴菲特不介入子公司的經營，若自主營運的子公司愈多，則需要仰賴巴菲特決策的程度則愈低，利於波克夏公司的永續經營。缺點是可選擇的收購標的較少，且較難以市場的低估價買進，成本相對較高（詳見表1）。

對巴菲特而言，買股票和收購公司兩者的評估標準相同，只是收購子公司後承諾絕不賣出，因此對該公司的品質就要做更多正確的判斷。判斷的重點就在於「人、能力圈、護城河」，也就是質化分析。

早期的波克夏在股票的投資比重占80%，收購子公司的

表1 波克夏收購公司的投資效益更甚買股
——波克夏投資模式優缺點比較

項目	買股票	收購子公司
價格	市場報價，通常是具備安全邊際的低估價	私下協議，通常是公平價格，並承諾收購後即使經營轉差也不賣出
優點	1.買股票的資金需求較少 2.可選擇的投資標的比可收購公司數量多 3.當機會出現時，可以快速的買進 4.市場報價往往有極端落差，讓巴菲特可以撿便宜，也可以在相對高點出脫 5.如果公司管理階層轉差，也可以賣出股票脫手	1.公司產生的自由現金流都可繳回波克夏總部，讓巴菲特可以拿去投資，子公司愈多，波克夏可投資運用的資金就愈多 2.巴菲特通常不介入子公司的經營，但是巴菲特可以決定子公司大額度的資本支出，讓子公司營運績效維持一定水準 3.波克夏集團可以運用每家子公司的獲利和虧損的額度做抵稅 4.收購的子公司愈多，巴菲特對各種產業了解得就更多，能力圈就能更進一步擴增 5.子公司經理人如發現同行想要出售公司，便會告知巴菲特，因此巴菲特可以接觸到更多潛在標的 6.自主營運的子公司愈多，波克夏集團對巴菲特的營運依賴度就愈少
缺點	1.每賣出獲利，就要繳交35%的所得稅給政府 2.需要巴菲特下決策，因此波克夏對巴菲特的依賴度會較高	1.買入成本較高 2.需要資金較多 3.能選擇的標的數量較股票少 4.如果子公司經理人表現不佳，必須更換管理階層，而更換就像離婚一樣痛苦，還不見得能成功

比重占 20%。隨著時間過去，子公司的比重提高到 80%，投資比重下降到 20% 左右。而我們可以從表 1 資料看到，收購子公司的優點較多，當子公司占比提高時，整體波克夏對巴菲特的依賴度就下滑，集團穩定性則更進一步的提升，使公司的內在價值增強。

寫到這裡，很多人會説：「巴菲特這套能管用，背後的原因是因為美國夠大，好公司夠多。但是，大家都説台股根本不能長期持有，台股真的能找到長期成長股嗎？」

這的確是很多人的投資認知沒錯，所以在探討質化分析之前，透過下一篇文章，研究一下台股是否能長期持有。

1-2 長抱、做多台股 複利自動發威

....

　　華倫·巴菲特（Warren Buffett）和其他投資大師不同的
點就在於：特別重視「複利」的威力。所謂的「複利」，
就是利滾利，透過複利增值的效應，即使是微薄的報酬率，
長期下來也會有驚人的效果。

　　年輕時的巴菲特還寫過一篇名為〈複利的樂趣〉的文
章，給他的投資合夥人看，這篇文章現在收錄在《巴菲
特的投資原則：股神唯一授權，寫給合夥人的備忘錄》
（Warren Buffett's Ground Rules:Words of Wisdom from
the Partnership Letters of the World's Greatest Investor）
一書。至今（2019 年），已 89 歲的巴菲特仍然對複利
熱中不已，在波克夏（Berkshire Hathaway）2018 年股
東會的開幕會上，他特別展示一張投影片，告訴股東：「如

果 1942 年在美股大盤指數投入 1 萬元，你只要耐心持有，到了 2018 年會變成 5,100 萬元！」

看到這裡，很多人可能會想：「這個報酬率很棒沒錯，不過那是美股啊！台股有可能嗎？」這是很多人會有的疑惑，所以我們來檢視一下台股的相關數據。但在這之前，你必須要先認識台股的一個名詞──「加權股價報酬指數」（全名為「發行量加權股價報酬指數」）。

投資台股，做多比做空有利

我們一般稱「加權股價指數」（全名為「發行量加權股價指數」）為大盤，這是以加權方式計算所有上市公司市值的指數；每年上市公司除權息，股價會降低，大盤指數也會跟著下降，所以每當市值較高的公司除權息，大盤指數就會跟著蒸發數十點。如果把上市公司所發放的現金股利和股票股利加回去，就是所謂的「加權股價報酬指數」。而它是從 2003 年 1 月 2 日開始編製，我們可以從台灣證券交易所的網站（www.twse.com.tw/zh/page/trading/indices/MFI94U.html）找到相關數據。

接著，我們思考一個簡單的策略：若我在每年第 1 個開盤日投資加權股價報酬指數，然後持有 1 年，在當年最後一個封關日賣出，這樣的策略報酬率多少？勝算又有多少？

　　表 1 清楚呈現這個策略的成果。你可以看到報酬率最好的 3 年，分別是：2009 年（報酬率 79.17%）、2003 年（報酬率 33.08%）、2006 年（報酬率 26.1%）；報酬率最差的 3 年都是負報酬，分別是：2008 年（報酬率 -41.82%）、2011 年（報酬率 -18.46%）、2015 年（報酬率 -6.54%）。

　　而在這 16 年中，只有 4 年報酬率是負的，占 25%，另外有 12 年都是正報酬，占 75%。換言之，這是一個勝率高達 75% 的策略。由於正報酬的數量高過負報酬率，因此這個統計也間接告訴我們一件事情：做多比做空有利。

　　如果我們把策略改成從 2003 年的開盤日 4,524 點投入 100 萬元，到了 2018 年最後一天的封關日 1 萬 7,354 點賣出；這筆投資到了 2018 年底報酬率則達 283%，也就是淨賺 283 萬元，換算成年化報酬率是 8.76%。

表1 **投資台股16年，僅有4年報酬率為負值**

——台股加權股價報酬指數持有1年報酬率

年度	開盤日（點）	封關日（點）	報酬率（％）
2003	4,524.92	6,021.57	33.08
2004	6,175.79	6,478.80	4.91
2005	6,482.42	7,187.69	10.88
2006	7,092.99	8,944.43	26.10
2007	9,055.41	10,062.16	11.12
2008	9,845.42	5,728.51	-41.82
2009	5,862.14	10,502.93	79.17
2010	10,528.26	11,928.56	13.30
2011	11,998.76	9,783.94	-18.46
2012	9,618.11	11,050.13	14.89
2013	11,164.55	12,723.25	13.96
2014	12,724.76	14,172.40	11.38
2015	14,121.92	13,198.59	-6.54
2016	12,844.34	15,256.22	18.78
2017	15,288.17	18,234.75	19.27
2018	18,351.03	17,354.55	-5.43

——2003～2018年台股報酬率表現區間統計

報酬率區間	次數	占比（％）
負值	4	25.00
0%～5%	1	6.25
5%～10%	0	0.00
10%～15%	6	37.50
15%～20%	2	12.50
20%以上	3	18.75

註：台股加權股價報酬指數持有1年報酬率為假設每年開盤日買進，封關日賣出來計算
資料來源：台灣證券交易所

在這 16 年間，100 萬元變成 383 萬元，且還是在你沒有做任何事情、只是長期持有的狀態下，以投入和獲得的報酬率相比，可以說是相當不錯，也驗證了巴菲特說的：「複利真的有用！」

用5年滾動期間，客觀檢視報酬率表現

經驗老到的投資人看到這個數據可能會說：「2003 年的時候剛好有網路泡沫化和 SARS 危機，指數正逢低點，在相對低點買入，報酬率當然很好。現在台股可是在萬點以上的高點，如果現在買，可不知道報酬率會如何！」

說得沒錯，報酬率計算的起始點會影響成果，加上投資可能受到運氣的影響，產生扭曲。所以巴菲特經常說：「要驗證我的績效，請用 3～5 年當作基準。」這種驗證方式叫做「5 年滾動期間報酬率」。

所謂的「5 年滾動期間」，就是把原本用單一年度計算投資報酬率，拉長到持有 5 年來計算。例如 2003 年到 2007 年是一個區間，2004 年到 2008 年是另一個區間，

依此類推。用這種方式可以讓起始點變得平滑，因此能更客觀地檢視報酬率。

表 2 是加權股價報酬指數「5 年滾動期間報酬率」資料，這些統計資料合計 12 個區間，我們可以看到：

1. 年化報酬率超過 15% 的區間有兩個，分別是 2003 ～ 2007 年、2009 ～ 2013 年；這 2 個區間的投入時間點都是相對低點，分別是 2003 年台灣經濟低迷時期及 2009 年金融海嘯後期，代表如果你能在相對低點投入股市，隨著股市回溫，將可以得到優渥的報酬。

2. 年化報酬率為負的只有 1 個區間，出現在 2004 ～ 2008 年的 -1.49%，這樣的報酬率損失並不大。而 12 個統計區間只有 1 個為負，其他都是正報酬率，且正報酬率遠超過負報酬率，顯示持有時間拉長之後，做多更加有利！

買1張股票如同買下1家公司

從數據看來，這是個相當不錯的投資策略，即使你沒有

在相對低點投入股市,也能有不差的報酬。那麼為什麼沒多少人執行這個投資策略呢?

答案是「股市的大幅度波動,會影響投資人的情緒」!

從前面的數據,我們知道 16 年來的股市年化報酬率約 8.76%,但從表 1 的「台股加權股價報酬指數持有 1 年報酬率」可以看到,16 年間報酬率大於 8.76% 的數量有 11 個,報酬率低於 8.76% 的數量有 5 個。

這表示股市的漲跌不會貼近平均值(指 8.76%),而是會大幅度波動,尤其 2008 年的波動高達 -41.82%。在這種情緒刺激下,許多投資人無法持股超過 1 年,更遑論持股 5 年了!

投資人的心理障礙就是「在短期的時間,很容易受到股價漲跌影響」,如果股市上漲帶動投資人的情緒,這些人就會在相對高點買入股票,使得買入成本提高。如果股市產生激烈震盪,導致大跌,這樣的情緒又會進一步地讓投資人惶恐,讓他們在低檔殺出持股,而不敢趁機買入。

表2

僅2004～2008年區間年化報酬率為負
──台股加權股價報酬指數5年滾動報酬率

5年滾動期間 （年）	開盤日指數 （點）	封關日指數 （點）	報酬率 （%）	年化報酬率 （%）
2003～2007	4,524.92	10,062.16	122.37	17.33
2004～2008	**6,175.79**	**5,728.51**	**-7.24**	**-1.49**
2005～2009	6,482.42	10,502.93	62.02	10.13
2006～2010	7,092.99	11,928.56	68.17	10.96
2007～2011	9,055.41	9,783.94	8.05	1.56
2008～2012	9,845.42	11,050.13	12.24	2.34
2009～2013	5,862.14	12,723.25	117.04	16.76
2010～2014	10,528.26	14,172.40	34.61	6.12
2011～2015	11,998.76	13,198.59	10.00	1.92
2012～2016	9,618.11	15,256.22	58.62	9.67
2013～2017	11,164.55	18,234.75	63.33	10.31
2014～2018	12,724.76	17,354.55	36.38	6.40

註：開盤日為區間的第1年度第1個交易日，封關日為第5年度最後1個交易日；資料統計自2003～2018年
資料來源：台灣證券交易所

為什麼投資人會受到股價刺激影響呢？最大的原因是，許多投資人把股票當成賭漲、賭跌的一張紙，他們沒有想到這張紙的背後，代表一家公司的生產力。

　　只要你運用價值投資的第 1 個重要概念：「買 1 張股票，如同買 1 家公司，你買入的是這家公司的生產力」，你就能夠克服迷思。

　　既然股市報酬率等於上市公司的生產力，下一篇文章我們就來探討：台股的生產力有沒有進步？

檢視台股上市公司
近5年獲利能力明顯提高

1-3

在《股神巴菲特的神諭》（Tap Dancing to Work: Warren Buffett on Practically Everything, 1966-2012:A Fortune Magazine Book）這本書中，巴菲特（Warren Buffett）比較了3種不同類型的投資標的：現金、黃金和生產力資產；其中，他最喜愛的就是具備生產力的資產，例如股票和農田。

為了讓投資人知道這三者的差異，他甚至做了這樣的比喻：

「如果把全世界的黃金融化成一塊大金子，這個大金子過了100年還是沒有任何改變；但如果把和大金子等值的資金拿去買農田和股票，過了100年之後，它們會產生大

量的農產品和現金股利。」

巴菲特深信，長期持有具備生產力的資產，能為投資人帶來充沛的收益。這個觀念如果應用在個股投資上，我們可以透過觀察財務報表，來了解這家公司的獲利狀況和財務穩健度，進而判斷生產力的強弱。但是如果想要衡量整個加權股價指數的生產力，該怎麼做呢？我的想法很簡單，就是把台股當成一家公司來看即可。

首先，你可以到台灣證券交易所網站（www.twse.com.tw/zh/）找出「年度上市公司財務資料分業比較表」（詳見圖解教學），裡面有台股上市各產業的營收、稅前淨利和資產總額等資料。將這些資料分類整理後，並且加總起來，就可以得到一張上市公司的總財務報表（詳見表1）。

稅前ROE、稅前淨利率提升，負債比下降

透過這張表格，我們可以知道台股這5年（2013～2017年）來的基本面數字。2013年台股的總營收是25兆3,300億元，稅前淨利是1兆5,400億元，資產總額

表1 上市公司獲利表現每年持續增長
——台灣上市公司2013年～2017年財報摘要數據

項目	2013年	2014年	2015年	2016年	2017年
營業收入（兆元）	25.33	26.67	26.42	26.00	27.85
稅前淨利（兆元）	1.54	1.79	1.79	1.92	2.25
資產總額（兆元）	27.64	30.08	29.53	30.95	33.20
負　　債（兆元）	16.09	17.06	16.07	17.16	18.58
淨　　值（兆元）	11.55	13.03	13.46	13.79	14.62

註：1. 本表資料日期 2019.02.13，可取得的最新年報數據截至 2017 年，統計數
據排除金融產業，因為金融產業報表格式和一般製造業不同，如果加總會產生失
真的狀況；2. 證交所提供的是稅前的表格資料，而不是稅後，因此我們使用稅前
資料
資料來源：台灣證券交易所

是 27 兆 6,400 億元。

5 年來這些數字逐步提升，2017 年台股總營收成長到 27 兆 8,500 億元，稅前淨利是 2 兆 2,500 億元，資產總額是 33 兆 2,000 億元，都有明顯的增長。

既然有了資產總額、淨值、營收、稅前淨利等數字，就可以來檢驗台股的獲利能力。我們可以算出代表營運

效能的稅前 ROE（股東權益報酬率），從 2013 年的 13.92%，提升到 2017 年的 15.83%，代表台股的整體股東權益報酬率提高了。

ROE 為什麼會提高呢？用杜邦分析法來檢查看看，可以發現，代表獲利能力的稅前淨利率，從 2013 年的 6.09% 逐年提高到 2017 年的 8.07%（詳見圖 1），代表整體上市公司的獲利能力呈現每年提升的態勢。

而代表管理能力的總資產周轉率則從 2013 年的 91.68% 下滑到 2017 年的 83.88%，代表創造營收的效率轉差；而代表財務槓桿度的負債比則從 58.22% 下滑到 55.97%，代表負債減低，財務結構轉好（詳見圖 2）。

利用4財務數字，篩出生產力優於平均標的

因此我們可以了解，台股這 5 年來的基本面提升，主要受惠於上市公司整體的獲利能力提高，負債比降低所帶來的基本面改善；這些資料也讓我們體會到加權股價指數並非一堆數字的集合體，而是上市公司生產力的呈現。

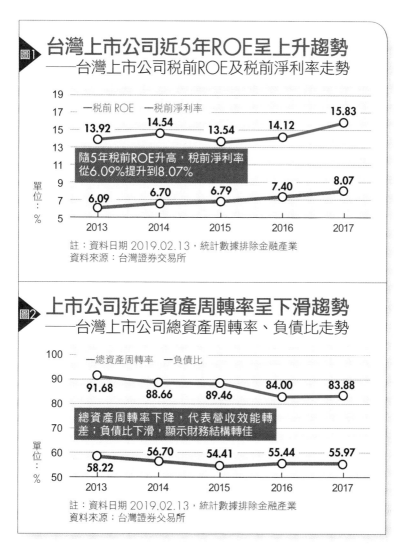

圖1 台灣上市公司近5年ROE呈上升趨勢
——台灣上市公司稅前ROE及稅前淨利率走勢

—稅前 ROE　—稅前淨利率

13.92　14.54　13.54　14.12　15.83

隨5年稅前ROE升高，稅前淨利率從6.09%提升到8.07%

6.09　6.70　6.79　7.40　8.07

2013　2014　2015　2016　2017

單位：%

註：資料日期 2019.02.13，統計數據排除金融產業
資料來源：台灣證券交易所

圖2 上市公司近年資產周轉率呈下滑趨勢
——台灣上市公司總資產周轉率、負債比走勢

—總資產周轉率　—負債比

91.68　88.66　89.46　84.00　83.88

總資產周轉率下降，代表營收效能轉差；負債比下滑，顯示財務結構轉佳

58.22　56.70　54.41　55.44　55.97

2013　2014　2015　2016　2017

單位：%

註：資料日期 2019.02.13，統計數據排除金融產業
資料來源：台灣證券交易所

我們還可以更進一步的應用這些資料，既然上述數字呈現的是上市公司的營運成果，那麼只要找出財務數字優於這些比率的公司，那就代表該公司的生產力優於平均！

　　因此我們可以選出稅後 ROE 大於 15%、稅前淨利率大過 8%、總資產周轉率大過 83%、負債比低於 56% 的公司，用這些公司來建構投資組合，就能得到打敗大盤的投資績效了。下一個章節我們就來驗證這個概念。

圖解教學》查詢上市公司財務資料分業比較表

步驟1 先到台灣證券交易所網站（www.twse.com.tw/zh/）首頁，點選
❶「交易資訊」→❷「統計報表」→❸「證券統計資料年報」。

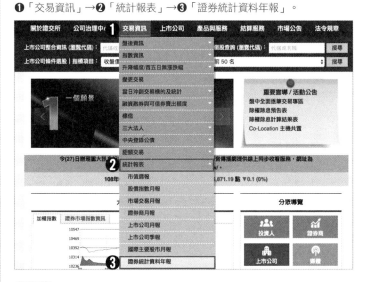

步驟2 於「證券統計資料年報」項下，找出❶「年度上市公司財務資料分
業比較表」。

接續下頁

步驟 3 點入後，可按自己欲查詢的年份做設定（此以❶「民國 102 年至民國 108 年」為例），按下❷「查詢」，即可下載❸各年度的上市公司財務資料分業比較表。

♠首頁 > 交易資訊 > 統計報表 > 證券統計資料年報

【年度上市公司財務資料分業比較表】年報

查詢區間 ❶ [民國 102 年 ♦] 至 [民國 108 年 ♦]　[🔍 查詢] ❷

資料範圍	下載
107	🖶
106	🖶
105	🖶 　❸
104	🖶
103	🖶
102	🖶

內容：
　前一年度上市公司按產業別統計之營業收入、稅前純益、資產總額、淨值及股本等簡易財務資料。
　淨值採用股東權益計算基礎為合併財務報表之歸屬於母公司業主之權益合計或個別財務報表之股東權益。

資料來源：台灣證券交易所

1-4 建立「買進優化組」名單 績效大勝基本面選股

1970 年代，效率市場學說盛行，這些學者認為股票市場是有效率的，因此沒有人能打敗大盤，甚至認為投資人沒有必要主動選股。

《非常潛力股》（Common Stocks and Uncommon Profits and Other Writings）作者、也是成長股之父菲利普‧費雪（Philip Fisher）反駁這樣的說法，他認為優秀的個別公司，股價漲幅將能夠遠遠凌駕大盤，因此他在史丹佛商學院教高級投資課程的時候，讓學生比較 140 檔股票 5 年的累積報酬率。

這個研究發現，5 年漲幅超過 100% 以上的個股高達 33 檔，占整體股票 23.5%，而同期間道瓊指數僅上漲 41%。

因此費雪認為，你只要有一套明智的選股流程，就能夠找出勝過大盤的股票。

看到這裡，你可能會想：「要怎麼在台股找出勝過大盤的股票？」我們在本書 1-3 為台灣上市公司（不含金融股）進行了杜邦分析，得到 2017 年的台股數據是：稅前 ROE 為 15.83%、稅前淨利率 8.07%、總資產周轉率 83.88%、負債比 55.97%。這個數據是整體平均的成果。所以我們只要找出數據優於平均的公司來建構投資組合即可。以下採用 3 個步驟，先選出 2 組投資組合，最後以歷史數據回測，比較 2 組投資組合與台股的績效：

步驟1》選定時機，等比例買進「9大指標組」

我在《雷浩斯教你 6 步驟存好股：這樣做，就能獲利翻倍》這本書中列出了基本面 9 大指標：

1. 近 5 年 ROE 大於 15%。
2. 近 1 年 ROE 大於 20%。
3. 營業利益率近 1 年大於 10%。

4. 近 5 年每股自由現金流大於 0 元。

5. 近 1 年每股自由現金流大於 1 元。

6. 營業現金對淨利比率近 1 年大於 50%。

7. 董監事持股比例目前大於 10%。

8. 董監事持股質押比例目前小於 10%。

9. 上市櫃時間大於 5 年。

接著我們用上列 9 大指標來選股，設定的時間是每年年報出來之後的第 1 個交易日，不管股價高低，都用等比例買進；持股 1 年後，隔年重新選股 1 次。

每年選出來的股票數量不一樣，如果選出來是 15 檔，我們就把資金平均分成 15 份買進；如果選出 30 檔，就將資金分為 30 份等比例買進，我把這個投資組合命名為「9 大指標組」。

步驟2》挑合理本益比標的為「買進優化組」

現在我們要進一步挑出另一組投資組合。由於步驟 1 所選出的「9 大指標組」，並沒有評估公司股價是貴還是便

宜,而華倫‧巴菲特(Warren Buffett)與合夥人查理‧蒙格(Charlie Munger)的投資策略,除了選好公司,也重視買入價格的合理性,因此,接下來要挑的股票,就是進一步選出價格相對合理的標的。操作方法是從「9大指標組」,按照本益比由高而低排序,然後將本益比最高和最低的排除,留下本益比位於中間的10檔股票,也就是處在「合理價」的公司(詳見圖解教學)。

這10檔股票我們稱為「買進優化組」,同樣採取等比例買進,且在持股1年後,隔年重新選股1次。

步驟3》用台灣50報酬指數驗證投資績效

接著我們要找一個比較驗證的基準。通常基準都是採大盤報酬指數,但是台灣大多數投資人還會買入元大台灣50(0050)ETF做投資,所以我們比對的是有包含股息的「台灣50報酬指數」來代替大盤。

最後,我們要比較這樣的投資策略是否有勝過台灣50報酬指數,所以將「9大指標組」和「買進優化組」還有「台

灣 50 報酬指數」3 組做績效比較。比對的時間則是 2005 年 5 月 3 日買進，每個年度買賣一次，到 2018 年 3 月 31 日賣出，合計 13 年的累積報酬率。

這 3 組報酬率分別顯示了不同的意義：

意義 1》台灣 50 報酬指數代表的是台股「長期持有」的成果，累積報酬率 188.6%。

意義 2》9 大指標組代表的是「基本面選股」的力量，累積報酬率達 262%。

意義 3》買進優化組代表的是「合理價買入好公司」的力量，累積報酬率高達 542.8%。

可以看到「買進優化組」的報酬率是驚人的 542.8%（詳見表 1），遠遠超過 9 大指標組和台灣 50 報酬指數，證明這個策略成果非凡。

我們更進一步用更嚴格的「5 年滾動期間報酬率」來驗

證買進優化策略，觀察「買進優化組」和「台灣 50 報酬指數」的 5 年滾動期間報酬率（詳見圖 1）。可發現「買進優化組」的每一個 5 年滾動期間都贏過台灣 50 報酬指數，其中，2008 ～ 2012 年開始，一直到 2012 ～ 2016 年，都勝過 10 個百分點以上。

其中，2009 ～ 2013 年，以及 2012 ～ 2016 年這兩個區間，買進優化組的 5 年年化報酬率都達到 22% 以上，成果可說是非常傲人。可見，「買進優化組」的選股策略是長期有用的策略，也驗證了「合理價買入好公司」的策略優越性。

好公司內在價值成長，也是一種安全邊際

也許你會想，價值投資法要求的是安全邊際，也就是要挑便宜的公司來買，那為什麼不挑「本益比最低 10 檔」做投資組合呢？

我原本也是這樣想，因此從投資組合內挑出低本益比的 10 檔標的作為投資組合。但是沒想到，本益比最低的 10

表1

買進優化組13年累積報酬率逾542%
——3類組合累積報酬率比較

年度	9大指標組	買進優化組	台灣50報酬指數
2005	24.2%	24.2%	29.8%
2006	61.6%	57.8%	40.2%
2007	79.5%	72.8%	60.5%
2008	30.7%	36.8%	12.3%
2009	71.2%	95.7%	40.4%
2010	82.2%	128.6%	67.3%
2011	72.8%	115.5%	54.9%
2012	98.7%	181.4%	62.1%
2013	190.1%	323.2%	83.7%
2014	226.3%	384.9%	115.4%
2015	216.8%	403.5%	110.8%
2016	259.8%	500.5%	152.2%
2017	**262.0%**	**542.8%**	**188.6%**

註：1. 統計時間截至 2018.03.31；2. 各年度代表重新選股年度，累積報酬率期初
皆為 2005.05.03，期末皆為重新選股隔年年報公布前最後交易日；3. 2013年
之前（財報公告期限 04.30）每年選股買進的持股區間，是當年 5 月首個交易日
至隔年 4 月最後交易日；2013 年之後（財報公告期限 03.31）為當年 4 月首個
交易日至隔年 3 月最後交易日
資料來源：台灣經濟新報（TEJ）資料庫　　整理：雷浩斯、vava chen

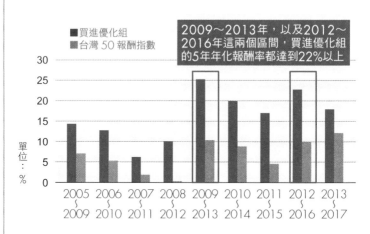

圖1 買進優化組表現優於台灣50報酬指數
——5年滾動期間年化報酬率比較

■買進優化組
■台灣 50 報酬指數

2009～2013年，以及2012～2016年這兩個區間，買進優化組的5年年化報酬率都達到22%以上

單位：%

項目	2005 ~ 2009	2006 ~ 2010	2007 ~ 2011	2008 ~ 2012	2009 ~ 2013	2010 ~ 2014	2011 ~ 2015	2012 ~ 2016	2013 ~ 2017
❶買進優化組（%）	14.37	12.97	6.43	10.24	25.34	19.90	17.11	22.75	17.97
❷台灣50報酬指數（%）	7.03	5.22	2.02	0.20	10.35	8.93	4.73	10.24	12.22
❶－❷（百分點）	7.34	7.75	4.41	10.04	14.99	10.97	12.38	12.51	5.74

資料來源：台灣經濟新報（TEJ）資料庫　　整理：雷浩斯、vava chen

檔股票投資組合，績效反倒更差！主要是這些公司的基本面逐步轉差，因此產生了本益比偏低的假象，換言之，這些低本益比的公司顯示了基本面的營運弱點。

於是我反過來想，改挑本益比更高的 10 檔做投資組合研究，想不到報酬率反倒更好！經過測試，我排除了最高和最低本益比的股票，以 15 倍這個相對合理的本益比為中間值，所組成的投資組合績效最佳。

可是投資人可能會有另一個疑問：以合理價買入，不就沒有「安全邊際」（編按：以低於價值的價格買入股票）嗎？

為了回答這個疑惑，我更進一步的研究「買進優化組」的基本面後，發現這些公司隔年的稅後淨利都提升了！一開始用合理價買入的好公司，因為獲利的提升，原本的買入價在隔年看來就變成了便宜價格；股價會反映獲利的成長，價值成長本身，就形成了安全邊際。

圖解教學》篩選「買進優化組」標的

步驟 1 以下以財報狗網站（statementdog.com）的免費功能為範例，於網站首頁中，點選❶「選股」→❷「自訂選股」。

步驟 2 接著，點選左方功能表中的❶「價值評估條件」→❷「本益比評價」，設定本益比❸「目前大於 6 倍」。

請注意，我們並不是把「本益比大於 6 倍」當成選股條件，而是用這個條件幫後面選出來的股票「排列順序」；所以你要設定本益比為 4 倍也可以，總之，這個條件一定要放在第 1 個項目。

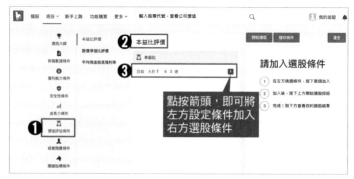

步驟3 設定好後,即可開始陸續輸入9大指標。對照財報狗網站的選股功能介面,將9大指標條件分別加入選股條件清單:

1. 設定「獲利能力條件」

於左方功能表中,選擇❶「獲利能力條件」→❷「ROE / ROA」,於「ROE」項下,將❸近1年數據設為「大於20%」、❹近5年平均「大於15%」,加入選股條件。

接著再切換到❺「利潤比率」頁面,點選❻「營業利益率」,並將❼近1年數據設為「大於10%」。

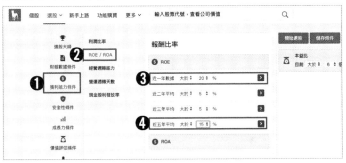

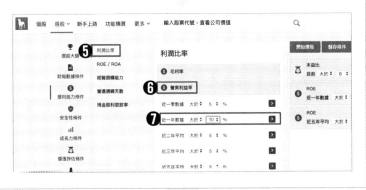

接續下頁

2. 設定「財報數據條件」

於左方功能表中,選擇❶「財報數據條件」→❷「現金流量項目」,將❸「每股自由現金流」項下的❹近 5 年平均數據設為「大於 0 元」、❺近 1 年平均數據則設為「大於 1 元」。

接著,再切換到❻「其他指標」的頁面中,將「上市櫃時間」設為❼「大於5 年」。

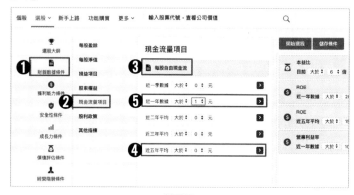

3. 設定「安全性條件」

於左方功能表中，選擇❶「安全性條件」→❷「營業現金流對淨利比」，將❸近 1 年數據設為「大於 50%」。

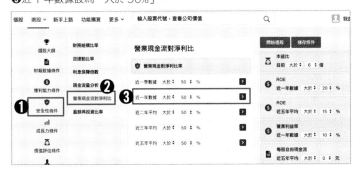

4. 設定「經營階層條件」

於左方功能表中，選擇❶「經營階層條件」→❷「董監持股比例」，並將「董監持股比例」設為❸目前「大於 10%」。接著，切換至❹「董監持股質押比例」頁面，將其設為❺目前「小於 10%」。

接續下頁

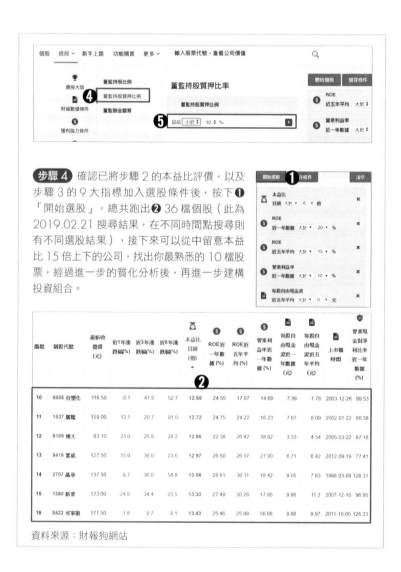

步驟 4 確認已將步驟 2 的本益比評價，以及步驟 3 的 9 大指標加入選股條件後，按下❶「開始選股」，總共跑出❷ 36 檔個股（此為 2019.02.21 搜尋結果，在不同時間點搜尋則有不同選股結果），接下來可以從中留意本益比 15 倍上下的公司，找出你最熟悉的 10 檔股票，經過進一步的質化分析後，再進一步建構投資組合。

編號	個股代號	最新收盤價(元)	近1年漲跌幅(%)	近3年漲跌幅(%)	近5年漲跌幅(%)	本益比目前(倍)	ROE近一年數據(%)	ROE近五年平均(%)	營業利益率近一年數據(%)	每股自由現金流近一年數據(元)	每股自由現金流近五年平均(元)	上市櫃時間	營業現金對淨利比率近一年數據(%)
10	6505 台塑化	116.50	-0.1	41.5	52.7	12.69	24.55	17.07	14.69	7.39	7.78	2003-12-26	99.53
11	1537 廣隆	159.00	13.1	20.7	91.0	12.72	24.75	24.22	16.23	7.67	8.09	2002-01-22	86.38
12	8109 博大	83.10	23.0	25.8	28.2	12.86	22.38	26.42	38.92	3.33	4.54	2005-03-22	87.18
13	8416 富爾	127.50	15.9	36.0	23.6	12.97	26.60	26.07	27.00	6.71	6.42	2012-09-19	77.41
14	2707 晶華	137.50	-9.7	36.0	58.8	13.08	28.61	30.11	18.42	9.05	7.83	1998-03-09	126.31
15	1580 新麥	123.00	-24.6	34.4	-25.5	13.33	27.49	30.28	17.95	9.86	11.2	2007-12-10	96.95
16	8422 可寧衛	171.50	-1.8	0.7	-8.1	13.43	25.46	25.99	56.68	9.88	9.97	2011-10-05	126.33

資料來源：財報狗網站

力抗ROE均值回歸
A＋公司不景氣照樣勝出

看到這裡你可能會想，如果前文提到的「買進優化組」策略管用，為什麼很多投資人、甚至基金經理人的績效會輸給一組沒人管理的指數（無論是加權股價報酬指數或者台灣 50 報酬指數）？

這的確是個好問題。巴菲特（Warren Buffett）在 1965 年寫給合夥事業股東的信中，提出了他的看法。他認為，大多數的投資經理人無法打敗大盤，不是因為他們智能不足或者品格不好，主要是以下原因：

1. 群體決策，只要投資決策交給一群人負責，而每個人都認真參與，就不可能有良好的成果。

2. 渴望模仿其他受到尊重組織的投資組合。

3.環境上不鼓勵與眾不同的正確表現，反而鼓勵買入和他人觀念相同、心態上安全的投資標的。

4.堅持某些不理性的分散投資。

5.惰性。

在這 5 個項目裡面，前 3 項代表的是「社會認同」這種心理影響；人是社會的動物，很多時候在潛意識的層面上就容易因為他人而妥協，甚至這種妥協是在不知不覺中發生了。

因此巴菲特永遠獨自做決策，獨立思考的前提就是獨自思考，巴菲特的工作就是自己一人關在辦公室內閱讀，以維持理性決策。也許有人會說：「巴菲特有副董事長查理‧蒙格（Charlie Munger）可以討論。」的確是，但是巴菲特平日人在奧馬哈（Omaha，波克夏公司總部所在地），蒙格人則在洛杉磯（City of Los Angeles），兩人並非常常碰面，而是透過電話討論投資；甚至有些收購案是在蒙格不知情的狀況下進行，例如收購通用再保險（General Reinsurance Corporation）就是一例，在收購通用再保險的波克夏特別大會上，巴菲特甚至開玩笑地做了一個蒙格

的人形立牌，並且用錄音帶播放蒙格的名言：「我沒有什麼好補充的。」

上述第 4 點「堅持某些不理性的分散投資」，正好和巴菲特提倡的概念相反，他主張能力圈內的集中投資，畢竟你不可能找到非常多的好貨；當你把資金分散在差勁的公司上，績優的公司就持股太少了，如此一來報酬率反倒下滑，並且提高風險。

至於最後一點的「惰性」，則和第 1 點的群體決策有所關聯，一旦你認為有其他人可以扛起選股的工作，那麼你等同把思考外包出去，而這是投資的大忌。

堅持獨自決策，避免社會認同造成心理偏誤

除了上述巴菲特所提出的 5 點原因之外，我自己觀察，大盤難以打敗主要有 3 個原因：

1. 投資人關注股價漲跌，而非長期的生產力。
2. 加權股價指數的投資組合呈現生物性多樣化。

3. 大盤指數不具備惰性。

先說明第 1 點。大多數人即使會看基本面分析,想找的多是短期有亮點的公司,例如短期內營收成長、接到大單,或者所謂的低基期轉機股……等。這些人都是為了快速的抓到漲幅,而不是賺長期的生產力增值。也就是說,他們賺的是價差,而非價值。

而大多數人無法堅守價值的原因,和巴菲特提出來的前3點原因相同,就是受到「社會認同」這種心理偏誤的影響;克服的方式很簡單:堅持獨自決策。

第 2 點所提到的「生物性多樣化」指的是,如果你找了近 15 年來的權值股名單,你會發現每隔幾年指數內的前幾大公司排名就會改變。這樣的改變是因為每年經濟態勢和未來發展都有所不同。例如,過去台灣重視電腦產業的代工,之後一段時間原物料大領風騷,再之後因為智慧型手機興起,蘋果供應鏈開始熱門,接下來又出現電動車、物聯網、人工智慧等新產業……,未來更多的產業發展備受期待。

這種過程要用演化的觀點來看，演化包含興起和淘汰。大盤（加權股價指數）涵蓋所有上市公司，我們可以把指數看成一個群體，群體當中又包含各種產業個體，有過去曾經叱吒一時的某些產業，生產力會因為跟不上時代變化而衰退下去；之後興起的產業，生產力則會遞補上來，形成一種生物性的多樣化，讓整個群體的生產力持續維持。

第 3 點「大盤指數不具惰性」則有 3 層含義：

第1層》無規模上的惰性

整體大盤的表現就是上市公司的平均值，無論上市公司整體表現的好壞、無論指數基金投資人的資金大小，取得的報酬率都是平均的報酬率（此處指的是追蹤大盤指數表現的被動式基金或 ETF）。稍微有點投資經驗的人會知道，資金規模會影響報酬率；資金愈龐大，報酬率通常愈難成長，這是規模上的惰性，會使整體報酬率有下滑的可能性，而大盤卻不受此原因影響。

第2層》無基金經理人生理上的惰性

也就是指被健康問題拖累。例如基金經理人生病，很可

能會連帶影響到投資績效，因此基金經理人須留意健康管理問題。而大盤指數是自動計算的結果，沒有健康管理的問題。

第3層》無基金經理人心理上的惰性

這裡指的是基金經理人的「滿足感」。如果一個基金經理人感覺他已經「足夠了」，他獲得夠多的資產讓他滿足了，那麼他就不會有打敗大盤的動力，很可能改去追求家庭和心靈上的平衡或者興趣發展。這種情況下的惰性是個人取捨，說不定這樣反倒人生更圓滿。

A＋等級公司條件：ROE≥20%

在我做「9大指標組」投資組合研究的過程中，發現有些個股，只在名單裡出現1次，下一年重新選股時就消失了。這些會消失的個股，往往是搭上某一年的順風車（如同前文說的生物性多樣化的興起與衰退），而之後遇到了激烈的商場競爭，讓獲利開始轉差，導致基本面轉弱，這種現象叫做「ROE均值回歸」，也就是說在這個生物圈內，它們被淘汰了。

　　但有些名單卻總是存在，這些公司與眾不同，它們面臨一樣激烈的競爭，卻會未雨綢繆、眼光長遠，懂得在千年一遇的洪水來臨前先做好防禦工程，因此這些公司能夠在不景氣的時候領先他人。它們最顯著的基本特徵就是：獲利能力矩陣處於等級 A ＋，並且維持多年。

　　我在寫前一本書《雷浩斯教你矩陣式存股法年賺18%》的時候，按照《股市真規則》（The Five Rules for Successful Stock Investing）作者派特 ‧ 多爾西（Pat Dorsey）所提出「獲利能力矩陣」概念，將台股獲利能力矩陣分成 7 個等級，可列入投資觀察的公司，最好能位處前 4 個等級：

　　A 等級：ROE≥15%，有自由現金流。
　　B1 等級：ROE≥15%，無自由現金流。
　　B2 等級：15% ＞ ROE≥10%，有自由現金流。
　　C 等級：15% ＞ ROE≥10%，無自由現金流。

　　這邊不打算重提太多前幾本書的內容，因此不複述太多獲利能力矩陣的概念。我想談的是，在前一本書寫完之後，

我發現有些公司能夠年年都維持在 A 級以上多年，這些公司的 ROE 大於或者等於 20%，而且幾乎都有自由現金流；即使某一年缺乏自由現金流，通常隔年就能恢復為正。

因此我設定一個新的「A ＋」等級，條件為 ROE≥20%，忽略自由現金流。用此來檢視，發現台積電（2330）、大立光（3008）、川湖（2059）、儒鴻（1476）、豐泰（9910）等，幾乎都是 A ＋公司。

而這些 A ＋公司，表現出來的不僅僅是財務數字而已；它們是能夠力抗「ROE 均值回歸」的經營者，它們往往擁有不屈不撓的意志，還有無可抵禦的熱情、頂尖的能力、強大的企業文化，因此它們能夠打造「護城河」。

找出位處能力圈的經營者，有助投資成功

現在問題來了，為什麼這些經營者能打造護城河，其他人沒辦法呢？答案在於這些人都有意識的進入了自己的「能力圈」之內，並且避免跨出能力圈。進入能力圈的人能夠有長久的完美表現，得到驚人的經營績效，讓旁人不禁讚

嘆：「他實在太厲害了！」唯有這些進入自己能力圈的人，才能成為該領域數一數二的頂尖人物。

他們藉由這些優勢，持續打造出財務實力強大的公司，讓優勢層層累加，成為「可持久的競爭優勢」。讓公司強大到他人即使知道成功的祕密，仍然無法對抗。

身為投資人，投資成功的祕訣就是找出頂尖人物，然後放手讓他們去經營即可，如同巴菲特說的：「我們不必教全壘打王如何揮棒。」但是，身為投資人，我們要有看出全壘打王的眼光，並且能系統化的持續找出這些公司，這就需要質化分析的技術。

質化分析並不好懂，我花了許多的時間和力氣培養這門技術。為了讓讀者能更全面性的了解我的學習歷程，從本書第 2 篇開始，我將介紹在學習路上，影響我最深刻的 3 位大師。

確認優勢
尋找進入能力圈經營者

2-1 鑽研費雪、柯林斯著作 奠定成長股投資知識

沒有任何一門技術能在短期內形成，投資也一樣，真正能讓自己的技術精練，通常需要非常長的時間才能發展完成。

我在 2002 年大學四年級第 1 次買股票，進入股票市場至今已有 17 年，期間也跌跌撞撞、走了不少冤枉路，透過不斷的學習和努力，才能持續的優化改進，建構專屬於自己的投資哲學。

這段過程中，影響我思考最深的 3 位大師就是：成長股之父菲利普·費雪（Philip Fisher）、企管大師詹姆·柯林斯（Jim Collins）和股神華倫·巴菲特（Warren Buffett）。本章先介紹費雪和柯林斯，下一章則獨立介紹巴

菲特。

費雪》集中投資內在價值成長股

費雪出生於 1907 年，2004 年辭世。他是知名的內在價值成長股大師，著有《非常潛力股》（Common Stocks and Uncommon Profits and Other Writings）、《買股致富》（Paths to Wealth Through Common Stocks）、《保守型投資安枕無憂》（Conservative Investors Sleep Well）。費雪的投資重點在於尋找具有強大競爭力的好公司，希望透過長期持有這些公司，能獲得 4 ～ 15 倍以上的報酬率。由於這些優質公司數量較少，因此他的投資組合會形成集中投資。

費雪對巴菲特影響甚鉅。當《非常潛力股》出版之後，巴菲特曾經登門拜訪，兩人成為忘年之交。巴菲特在 1969 年說過一句名言：「我身上流著的投資血液，85% 來自葛拉漢（Benjamin Graham）與 15% 來自費雪。」

在我的觀察中，1977 年之後的巴菲特，投資風格幾乎

和費雪如出一轍；隨著時間過去，如果 2019 年巴菲特再
說這句話，他應該會把比率反過來，變成 85% 的費雪和
15% 的葛拉漢。

　　費雪在小時候聽祖母和舅父談起股市，從而開啟了他的
投資興趣。1927 年到 1928 年間，費雪在史丹佛大學商
學院參與企業訪談課程，也讓他有機會了解一家公司的強
項和弱點，這段期間他奠定了以下信念：

　　1. 有些公司未來可能成長到比目前規模更大。
　　2. 健全的企業除了好產品，銷售也很重要，才能讓客戶
認同產品價值。
　　3. 真正值得投資的好公司，還要能看到客戶需求和欲望
的改變。

　　在 1929 年美國大崩盤的前夕，費雪認為市場已經走高，
但是他還是找到一些「便宜、還沒上漲的低本益比股票」，
他投入好幾千美元（這在當時可是一大筆錢）買其中 3 家，
之後景氣惡化，他才知道為什麼這 3 家公司本益比如此低，
這筆交易慘賠到所剩無幾。費雪堅信愚者和智者的差別在

「智者會在錯誤中學習」，所以他仔細的回顧錯誤，且認為這是必要工作，他體會到：

1. 低本益比可能是便宜貨，也可能是投資陷阱。
2. 低本益比不代表價值的保證，可能反映了公司的弱點。
3. 便宜與否不是當前的股價對上獲利，而是現在的股價對上未來多年的獲利。

用「費雪15要點」，確認公司優勢

1931 年費雪開啟自己的投資事業時，他牢記之前付出的代價，開始運用在史丹佛學到的訪談法，實地研究訪談一家食品機械公司（Food Machinery Corporation），讓他不但了解這家公司的運作，還對這公司的經營者肅然起敬，並且確認了食品機械公司具有以下的優勢：

1. **規模優勢**：公司雖然規模小，但是 3 個業務中的產品線規模領先世界，生產效率高、品質好，可以成為低成本的生產商。
2. **行銷能力**：客戶滿意度高，該公司也有自己的銷售團隊。

3. 具備研發能力：能以成功的新產品開創亮眼的獲利。

　　這筆投資給他帶來了豐厚的收益，他希望能複製這些成功的要素，因此他在心中更進一步的描繪了理想公司的輪廓，並且寫下了檢查清單，以便能更有效率的訪談。費雪把這種訪談稱為「閒聊法」。

　　所謂的閒聊法，就是要像記者一樣抽絲剝繭找出企業的輪廓，而他的訪談重點就是後來被稱為「費雪15要點」的檢查清單（詳見表1）。這15要點在分類上包含了：損益表分析、人事、資訊處理、競爭優勢、供應商關係、資本運用、管理者。透過這些項目的分析，我們可以從中了解費雪想入手的公司具備哪些要求，本書後面的章節會按照想探討的主題來討論相關的要點細節。

　　由於費雪堅持長期持有好公司，因此當股價受到市場情緒暴漲暴跌、導致帳面損益非常劇烈的時候，費雪會引用他熱愛的莎士比亞（William Shakespeare）名言：

「凡人要經過狂風巨浪，才能獲得巨大的財富。」

柯林斯》鑽研卓越公司之所以卓越的理由

費雪帶給我最大的幫助，就是讓我了解成長股投資人的運作模式，這點非常的重要，因為內在價值成長股投資人是少數，我們能找到的典範有限。可惜費雪的著作較少，同時因為年代久遠，讓人難以引起共鳴。我想要更深刻的理解好公司的各個面向和細節，這時候詹姆·柯林斯的著作填補了這方面的缺口。

柯林斯是當代企管大師，他研究的主題經常圍繞在一個重點上——「卓越公司之所以卓越的理由為何？」他的研究充滿了量化數據和質化分析，以上市公司為主要樣本，並且以股票報酬率為評選標準。例如他在其著作《從 A 到 A ＋》（Good to Great）中所提到的 A ＋公司，就是以 15 年間，股票報酬率超越大盤 3 倍為基準；在《十倍勝，絕不單靠運氣》（Great by Choice）中所提到的 10 倍勝公司，則是指繳出 30 年高達 600 倍整體報酬率的公司。

既然柯林斯是以長年的投資報酬率來做企業研究，那麼他的研究成果絕對有利於內在價值成長股投資人。我是柯

透過費雪15要點，篩出優質公司

項目	檢核要點	重點解讀
損益表分析	**要點1》**公司目前的產品或服務是否能讓未來幾年的營收大幅增加？	公司應具備優異的技術、知識及經營能力，使公司營收與獲利能夠長期增長
	要點2》管理階層是否有決心開發未來能持續讓營收成長的產品？	管理階層應持續留意產品的市場潛力，努力透過改善舊產品或開發新產品，讓營收不斷成長
	要點3》公司的研發成果如何？	可從研發費用占營收比重，了解公司投入研發的程度是否優於同業？比重過低或過高？好公司持續投入研發，所產生的效益會明顯優於普通公司
	要點4》公司是否有高於平均水準的銷售團隊？	投資人可透過閒聊法（例如訪問公司的競爭對手或顧客），了解公司的銷售效率
	要點5》公司有沒有高利潤率？	歷史較悠久和規模較大的公司，通常擁有優於同業的利潤率
	要點6》公司以哪些行動維持或改善利潤率？	留意公司維持及改善利潤率的方式，是否具有持久性
人事	**要點7》**公司的勞資和人事關係是否理想？	良好的勞資關係、高效率的領導階層，有助於提高員工的生產力
	要點8》公司高階主管的關係是否良好？	高階主管間相處不融洽，通常也不是良好的投資標的
	要點9》公司管理階層的板凳深度是否足夠？	一家具有規模的公司，需有足夠的高階領導人才，以維持企業的永續性

——費雪15要點

項目	檢核要點	重點解讀
資訊處理	**要點10》**公司的成本分析與會計控制是否理想？	透過閒聊法，觀察公司經營階層能否掌握公司成本及運用效益
競爭優勢	**要點11》**就所屬的產業特性而言，這家公司是否有哪些層面，讓投資人看到它在眾競爭者中的突出之處？	投資一家好公司，需了解這家公司是否擁有勝過同業的明確競爭優勢
供應商關係	**要點12》**公司有沒有短期或者長期的獲利前景？	公司的獲利眼光需要放得長遠，如果公司僅有短期或曇花一現的盈餘，投資人也難以賺到錢
資本運用	**要點13》**在可預見的未來，公司是否會因為成長而必須進行股權融資，以至於發行股數增加，而損害了原有持股人從公司預期成長所得的利益？	公司若進行現金增資，但是幾年內，盈餘成長性卻低於股本膨脹的比率，代表這家公司的財務判斷能力不佳
管理者	**要點14》**管理階層是否在公司運作一切順利時，才會開誠布公與投資者交流，但諸事不順時卻三緘其口？	總是報喜不報憂，設法隱匿壞消息，通常不是好的投資對象
	要點15》公司管理階層是否具備絕對正直的態度？	透過酬庸（例如發高額獎金或濫發股票），圖利家族或管理階層，只會傷害股東利益

資料來源：《非常潛力股》

林斯的忠實讀者,他帶給我的影響非常大,只是我一開始沒完全察覺。

　說來慚愧,我甚至到這兩年才開始把他的所有著作補齊,看完之後才發現這些著作彼此之間的連貫性和互補性,例如:

　◎《從Ａ到Ａ＋》:談普通企業如何成為卓越企業。
　◎《為什麼Ａ＋巨人也會倒下》(How The Mighty Fall:And Why Some Companies Never Give In):談卓越企業衰敗的5個階段。
　◎《十倍勝,絕不單靠運氣》:談在混亂和高度不確定性的情況下,那些勝過競爭對手10倍的企業差異點為何?
　◎《基業長青》(Build to Last):談卓越企業如何藉由文化永續經營。

　在這幾本書之中,我會反覆閱讀、持續複習的就是《從Ａ到Ａ＋》和《十倍勝,絕不單靠運氣》這兩本書;其中後者雖然談的是企業管理,但在我看來根本就是價值投資的商業應用版,也讓我感受到價值投資的普遍性和永恆性。

也許有人會想：「投資是投資，看企管書做什麼？」這樣想的人恐怕忽略一個價值投資的基本概念：「買一張股票如同買一家公司。」基於這點，想要買入你理想中的公司，自然要和企管大師學習。

柯林斯的這幾本書，大幅度的補足了我過去苦思的 3 個重要概念：

1. 人的重要性。
2. 如何識別能力圈。
3. 內在價值成長股的成長動力。

人的重要性》經營者是創造企業文化的關鍵人物

有一個關於巴菲特投資的概念，是找「白痴都能管理的公司」來投資，這個概念的背後意義，是尋找有護城河的公司，這樣的公司可降低對單一傑出管理者的需求度，避免面臨失去管理者後，導致公司營運轉差的風險。

但是這個概念後來被部分人曲解成「管理者不重要」，這樣的誤解是大錯特錯。企業的領導者絕對是靈魂人物，

這點是無庸置疑，不信你想想：沒有巴菲特會有現在的波克夏（Berkshire Hathaway）嗎？沒有張忠謀會有現在的台積電（2330）嗎？

領導者的重要性在於制定公司的營運方針、找到優秀的人才、塑造公司的文化，這幾點都是頂尖公司和平庸公司的差別，也是內在價值成長股所需要的要素。費雪非常重視管理階層的能力，他把優良的管理階層稱為「閃耀靈魂」，並且要親自訪談才會確立投資。巴菲特也聲明多次：「我們找的是能幹、且以股東利益為本的經理人。」

柯林斯則對優良企業經理人提出 2 個名稱，一個是「第 5 級領導人」，另一個是「10 倍勝領導人」。「第 5 級領導人」具備謙沖為懷的特質和堅強的意志力；「10 倍勝領導人」有些可能沒那樣謙虛，但卻有更加堅韌的意志，以及成就公司的大我精神。

綜合上述的觀念，我確信我想找的經營者是具備「內斂型給予者」特質的領導者，我們會在後面的章節說明什麼是內斂型給予者，以及如何識別出來。

識別能力圈》企業表現卓越的專業領域

柯林斯在《從 A 到 A ＋》裡面指出，一般公司變成卓越公司的關鍵因素，在於釐清自己的「刺蝟原則」。古希臘詩人 Archilochus 有一句著名的格言：「狐狸知道許多事，刺蝟只知道一件重要的大事」，柯林斯將這個觀念，引申為所謂的「刺蝟原則」：

1. 你們對哪些事業充滿熱情？
2. 你們在哪方面能達到世界頂尖水準？
3. 你們的經濟引擎主要靠什麼來驅動？

當我看到刺蝟原則的敘述之後，我很確定這個論點符合價值投資中「能力圈」的概念。所謂「能力圈」，就是你的專長領域，是你天生最擅長的事情。當個人進入能力圈之後，就能保持長久且完美的表現，當企業進入能力圈之後也是如此。

只要企業將公司業務專注在能力圈中，同時轉換為專屬的商業模式，且不跨出能力圈，這家公司就能擁有特殊競爭優勢，進而表現卓越。這些公司通常會展現以下 3 特徵：

1. 設定膽大包天的目標,展現無比強大的企圖心。
2. 將抽象的能力圈概念,轉換為具體明確的商業模式。
3. 公司看起來簡單易懂,讓人能清楚理解的營運項目。

只要你研究的標的符合前述 3 個特徵,那麼我們就能確認它進入能力圈之中,這點非常重要,因為進入能力圈的公司才能打造護城河。

成長的動力》不斷追求卓越,建構專屬護城河

我在研讀柯林斯的著作時,不斷思考一些問題:「為什麼有些能力很強的投資人,過幾年後就收手了?」在前面的章節裡,我認為這是心理上的滿足感,也就是他認為「足夠了」。

在現在的時代,知足似乎是一種顯學,大眾會讚揚知足的人,讚美他不貪心。但是在專業領域感到「夠好了」的人,往往無法成就偉大的企業;在投資領域感到滿足的人,往往無法成為偉大的投資人。也許有人會問:「為什麼要打造偉大的企業,為什麼要成為偉大的投資人?不錯的企業或者足夠的報酬率不也是很好嗎?」這的確是很多人的

想法，在《從Ａ到Ａ＋》的結尾，作者提出了２個解答：

「第１點，做到卓越不見得比做到優秀困難，反而可以少吃點苦頭，累積的動能會注入更多的能量，持續維持在平庸將不斷耗掉能量，新注入的能量卻很少；第２點，這是對意義的追尋，熱情就是對意義的追求，如果你很在乎你目前做的事，那你就會做到盡善盡美。」

巴菲特也提出了類似的看法。他深深知道許多人能夠邁向卓越，所以他演講的時候總是說：「我想一個人能做的最重要投資，是投資他自己，把潛力轉化為真正實力的人少之又少、非常稀少。對大多數的人而言，他們的潛力遠遠超過他們已經實現的實力。」只要你真心想把自己的事業做好，那麼你就會追求卓越，你就會立下膽大包天的好目標，並且不斷的投資自己，開發潛力轉換成實力，逐步累積成長的動能，建構屬於自己的護城河，這一切都是來自相信自己的潛能，因為：

「卓越，是一種選擇。」

2-2 檢視巴菲特投資歷程解密成功關鍵

　　了解成長股之父費雪（Philip Fisher）和企管大師柯林斯（Jim Collins）對卓越公司的看法後，我吸收了前兩者的觀點後，進一步的再次檢視巴菲特（Warren Buffett）的投資歷程，這個動作是必須、且充滿樂趣的。

　　在藝術界，名畫《蒙娜麗莎的微笑》是一個被過度使用的符號，導致許多人失去了細細觀察它偉大之處的機會；在投資界，巴菲特也有類似的情況發生。

　　許多和巴菲特有關的資料、書籍和傳聞不斷被過度使用，導致我們雖然聽過他許多的資訊，卻不曾仔細地了解；尤其是身處台灣，巴菲特的投資標的較難引起我們的共鳴，理解上自然又會少一層。

我在 2017 年 2 月開始想要鉅細靡遺地研究巴菲特，但在選書上遇到了困難。雖然談巴菲特的書很多，但是水準參差不齊，所以我用 3 個條件選書：

1. 獲得巴菲特本人的授權或者推薦。

2. 作者最好認識巴菲特本人，能夠近身的觀察巴菲特的成就。

3. 作者本身最好是長期持有波克夏（Berkshire Hathaway）的股東。

因此我找了《巴菲特：從無名小子到美國大資本家之路》（Buffett:The Making of an American Capitalist）、《雪球：巴菲特傳》（The Snowball: Warren Buffett and the Business of Life）、《巴菲特的投資原則：股神唯一授權，寫給合夥人的備忘錄》（Warren Buffett's Ground Rules： Words of Wisdom from the Partnership Letters of the World's Greatest Investor）、《股神巴菲特的神諭》（Tap Dancing to Work:Warren Buffett on Practically Everything,1966-2012:A Fortune Magazine Book）這幾本書為研讀的主要書籍，並且找了《少了巴菲

特，波克夏行不行？》（Berkshire Beyond Buffett：The Enduring Value of Values）、《波克夏大學》（University of Berkshire Hathaway）和《巴菲特的繼承者們》（The Warren Buffett CEO）作為輔助參考資料，當然勞倫斯・康寧漢（Lawrence A. Cunningham）教授編著《巴菲特寫給股東的信》（The Essays of Warren Buffett）更是必看。我還將網路上 2010 年到 2015 年的波克夏致股東信列印出來閱讀，希望能更深刻的了解巴菲特的思考模式。

透過認真的研究巴菲特的生平，拆解他每一段時間的歷程、設法找出他做過的具體行為，我將巴菲特的投資經歷整理成以下 3 個時期：

時期1》模仿葛拉漢投資哲學，扎穩基礎

即在哥倫比亞大學的時候，葛拉漢（Benjamin Graham）帶給他價值投資的理論和實證。根據《雪球：巴菲特傳》的記載，巴菲特幾乎把《證券分析》（Security Analysis）整本背起來，他對這本書比陶德（David L.Dodd，與葛拉漢合著《證券分析》）還熟，記得書內

700、800 頁的例子；並且在葛拉漢專題研討課開課前，先在腦中記下葛拉漢每個原則、每本書。巴菲特做的每筆投資，以及他本人的一切，甚至可以在引述葛拉漢的例子後，自己舉出別的實例運用。

雖然他畢業後想到葛拉漢的公司工作，一度被拒絕，可是他鍥而不捨，最後終於打動葛拉漢，成功到葛拉漢紐曼合夥事業公司（Graham-Newman Partnership）工作。在這裡，他學會專業投資的工作方式，和同事蒐集數百檔公司公開資訊的資料，並且填入判斷用的專用檢查表，從中找出最有勝算的標的。

同事們也發現巴菲特聰明又不愛出風頭，且他判斷和研究的速度比葛拉漢還快（也就是比當時最優秀的價值投資大師還快），甚至認為他是強化版的葛拉漢！因此他成了公司紅人，葛拉漢把他當成未來的接班人，但是巴菲特決定返回奧馬哈（Omaha），模仿他的老師創立屬於自己的投資公司。就此進入人生的第 2 階段，巴菲特深刻的知道：

「模仿偉大的投資人，是成功的捷徑。」

時期2》打造「合夥事業」複利機器

　　巴菲特回到家鄉開始自己的合夥代操事業，這是他第 1 台發揮複利力量的機器；合夥事業猶如一種封閉基金，每年僅接受投資人 1 次投資和 1 次贖回。他模仿葛拉漢的做法，每年會寫信給合夥事業的股東報告績效，但對投資內容保密。在這個時期，他已經能大規模地運用價值投資，主要採取葛拉漢教導的「雪茄頭」投資法（亦有人翻譯為「菸屁股」投資法，主要概念是分散投資一籃子價格低廉的股票）。在這 13 年間他締造了驚人的績效，投資人足足賺了 15 倍。

　　這樣驚人的績效，巴菲特的投資人是否要付高昂的費用來請他操盤呢？其實，巴菲特的收費比你想像的更便宜！一般避險基金是 2% 的管理費（不管賺錢或虧損都會收錢）、20% 的績效獎金費；而巴菲特的「合夥事業基金」，收費標準是不收管理費，且績效不到 6% 就不收獎金，超過 6% 以上的部分，抽 1/4 的績效獎金。

　　如果他操盤績效賺 5%，因為 6% 以下不收費，投資人可

以拿走全部的收益，收費比低成本的指數型基金（包括指數型共同基金以及在股票交易所掛牌的 ETF）還便宜；若他操盤績效賺 10%，6% 以下不收費，剩下 4% 抽 1/4，所以只領 1%；如果他操盤績效賺 46%，6% 以下不收費，剩下 40% 抽 1/4，所以只領 10%。

　為什麼巴菲特要定下績效 6% 這個門檻？因為他認為基金經理人打敗指數才應該領到紅利，這樣才能和投資人利益一致。當時是 1956 年，世界上第 1 檔指數型基金（註1）還沒問世，所以他選擇打敗的指數是道瓊指數，並且認為道瓊指數（包含股息）可能有年化 5% ～ 7% 的報酬率，因此取中間值「6%」為基準。

　在他操盤的 13 年來，合夥事業經營成果是 27.9 倍的報酬率，年化報酬率 29.5%。他的基金投資人領到的年化報酬率是扣除分紅後的績效，累積報酬率為 15 倍，年化報

註1：世界上第 1 檔指數型基金
1975 年美國先鋒集團發行世界上第一檔指數型基金 First Index Investment Trust，現名為 Vanguard 500 Index Fund，追蹤美國 S&P 500 指數。

酬率 23.8%；同期道瓊指數年化報酬率 7.4%，巴菲特的績效遠遠的凌駕指數。

巴菲特除了績效年年打敗大盤，還將紅利獎金加碼投資自己的合夥事業，以求和投資人利益相同。巴菲特家族是合夥事業的最大股東，績效也非同凡響，印證了一句話：

「敢對自己下大注的人，通常能力非凡。」

時期3》執掌波克夏，創下驚人投資成就

波克夏是巴菲特的第 2 台複利機器，跟先前巴菲特合夥事業時期相比，資金來源方面最大的不同是——合夥事業主要來自投資人的資金；波克夏主要來自保險公司的保費收入和子公司的獲利資金，這帶給了巴菲特結構性優勢。

合夥事業猶如一種封閉式基金，雖然規定 1 年只能贖回 1 次，但仍與開放式基金（可隨時贖回）有著相同的問題，如果股市大跌，合夥人有可能會受不了股市低迷而希望抽回資金，那麼操盤者在低檔將被迫賣出持股，並且沒有資

金加碼；而波克夏是一家公司，資金都放在公司內，巴菲特無須處理資金投入和贖回，同時也沒人能開除這個老闆，因此他有「控制資金」這個最大的優勢。

　　觀察巴菲特的投資標的，他捨棄了過去葛拉漢風格的投資法，開始用接近費雪的內在價值成長股投資法；大多數的人會認為，這是受到了費雪和查理‧蒙格（Charlie Munger）的影響。但我認為，巴菲特的天賦特質就符合費雪的投資法則，這是他的能力圈，即使沒有其他人的影響，他最終都會走上這條路。

　　有了「控制資金」的優勢和「買內在價值成長股」的全新投資方向，巴菲特展示了驚人的「資本配置」能力（詳見 3-5）。他重新部署資金，投入股票、保險業，還有收購子公司，透過不斷累積的投資成果，將小紡織廠打造成巨大的投資帝國，締造出人類史上前所未見的投資傳奇。

　　在 2017 年波克夏年報的首頁上顯示，如果你從 1964 年買入波克夏 1 股，持有到 2017 年底，年化報酬率達 20.9%，累積報酬率 2 萬 4,004 倍，這樣的績效可以説

是人類力量在歷史上的極限值，印證了一句話：

「真正的投資天才，本身就是一檔持續上漲的股票。」

複利、護城河為巴菲特創造傲人投資績效

在研究巴菲特時，我發現他之所以能夠創造如此傲人的投資績效，最重要的關鍵有 2 個要素：第 1 個是複利，第 2 個是護城河。

影響複利要素：資金、時間、報酬率

複利是世界上最知名、最強大、也是最難執行的力量之一，複利包含的因子有：「資金」、「時間」和「報酬率」。當你手頭上的資金愈多、投資的時間愈長、標的的報酬率愈好，複利的力量就愈強大。

巴菲特打造出高超的投資報酬率，在年輕的時候有起步早的時間優勢，因此他需要的就是更多的資金。通常一般人想到增加資金都會採用槓桿，例如借錢融資，但是這是有風險的槓桿，因為融資利息高，而且還需要擔保品，一

旦融資斷頭，很多人反而會讓自己血本無歸，巴菲特經常因此警告：「任何數字乘上零之後都是零。」

　　所以巴菲特成功投資第 1 階段的槓桿是合夥事業，透過集資代操的方式來增加資金。他審慎規畫合夥事業的收費模式和贖回制度，讓合夥事業吸引相信他的人來投資，而他也給了相同的信任和超乎意料的報酬率。

　　進入到第 2 階段的槓桿就是波克夏，波克夏最著名的就是保險事業所具備的「浮存金」。浮存金是一種先收錢、後理賠的營運模式；保戶一開始付了保費，但是真正申請保險理賠的時間，可能是在很多年之後；所以這個模式具備了「時間差」的優勢，讓巴菲特可以運用複利因子的前兩項「資金和時間」來進行投資。

　　既然浮存金有這樣的優勢，那麼其他保險公司為什麼不模仿巴菲特、好好運用浮存金呢？因為大多數的保險公司都虧錢，虧錢的公司根本無法運用浮存金！

　　巴菲特在 2012 年的波克夏年報致股東信中舉例：州立

農業保險公司（State Farm）是當前美國營收規模最大、且管理良好的汽車保險公司，截至 2012 年之前的 12 年裡，有 9 年都是承保虧損。

而波克夏卻連續 13 年有承保利潤；當有承保利潤的時候，浮存金的成本才會確定，以波克夏的經營成果來說，成本約 3%。巴菲特在年報中進一步說明了，經營一家穩定的保險公司應該遵守的 4 個原則：

1. 了解一切可能會讓保單發生損失的風險。
2. 對可能發生的風險進行謹慎評估，並預計可能發生的損失。
3. 定下保單價格，一般而言，保費需要稍高於可能發生的損失和營運需要的總和。
4. 如果沒辦法獲得適合的保單價格，放棄承保。

許多保險公司都能夠遵守前 3 條規則，卻忽略了第 4 條，它們無法捨棄競爭對手都去積極爭取的業務，就算會因此虧錢也一樣。巴菲特指出這些人的錯誤觀念：「別人都這樣做，所以我們也要去這樣做。」這句話讓不少保險公司

都虧錢，失去了浮存金優勢。

藉由堅守承保紀律，波克夏利用浮存金掌握時間差，快速的取得投資資金，並且投入營運良好的公司中。這些好公司又產生許多的自由現金流繳給波克夏總部，讓巴菲特有更多的資金可以投資，進一步的提升複利的力量。

對於這個強大的運作模式，波克夏的副董事長查理·蒙格說：「我們就好像刺蝟，來來回回只有一招，就是用 3% 成本的浮存金去購買 13% 股東權益報酬率的公司。」如果你想善用複利的力量，那就要向巴菲特那樣「**盡可能快速的產生現金，投入高報酬率的標的。**」

擁高度競爭力，才能維持高報酬

問題在於，怎樣的標的能一直維持高報酬率？為了回答這問題，巴菲特提出另一個著名的概念「護城河」。所謂的護城河就是「可持久的競爭優勢」，這樣的競爭優勢讓一家公司得以保護自己的利潤，避免公司受到競爭而倒閉。

巴菲特希望投資有護城河保護的公司，這樣的公司必定

也符合費雪的「內在價值成長股」的概念。為了徹底了解哪些公司有打造護城河的能力，我從巴菲特寫給波克夏的歷年股東信之中，拆解出打造護城河的 3 個要素：

1. 強大的財務實力。
2. 良好的資本配置。
3. 可持久的競爭優勢。

同時具備這 3 個要素的公司才會有護城河，關於這 3 點的詳細內容我們會在後面的章節詳細討論。

融會貫通3大師智慧，投資變得如魚得水

接下來的論點可能沒多少人會同意，但卻是我最真實的想法：我覺得費雪、柯林斯、巴菲特他們 3 人的人格特質都很接近，都是同一類人。我經常在他們的著作之中看到相同的概念或類似的觀點；他們都喜歡卓越的公司、都能廣泛的閱讀，並且能抽絲剝繭的看出資料中隱藏的型態，同時能用淺顯易懂的方式讓其他人了解，他們 3 人都是老師、也是創業家。

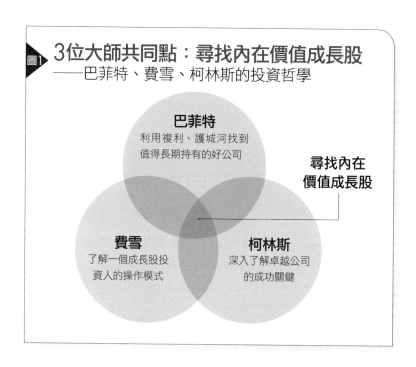

圖1 3位大師共同點：尋找內在價值成長股
——巴菲特、費雪、柯林斯的投資哲學

巴菲特
利用複利、護城河找到
值得長期持有的好公司

**尋找內在
價值成長股**

費雪
了解一個成長股投
資人的操作模式

柯林斯
深入了解卓越公司
的成功關鍵

　　費雪帶給我的幫助，就是讓我了解一位成長股投資人的操作模式；柯林斯的著作則讓我更了解成長公司的成功要素；巴菲特則進一步的讓我體會複利的力量和護城河的重要性。這幾項要素結合成我個人運用的質化分析法，當我運用這種方式投資時，有一種如魚得水的感覺，這就是進入能力圈的感覺（詳見圖1）。

我之所以要寫這 3 位大師的影響，除了告訴讀者我學習的歷程，減少讓讀者摸索的時間，也希望讀者可以親自閱讀這 3 位大師的著作，絕對能讓你有更深入的體會。我也要特別地告訴讀者，我之所以專注在這個領域尋找內在價值成長股，並不是因為它是報酬率最高的投資法，也不是因為它是巴菲特運用的投資法，而是因為它是最適合我運用的投資法。

　　在過去，我期望自己能學會價值投資領域內的各種方法，例如葛拉漢的雪茄頭投資法，或者是特殊事件導向投資法。而現在我只打算專注在「內在價值成長股」這個領域，專注在我的能力圈之中，絕不分心、也絕不懈怠。

　　我要再一次的重複前言所引用的話：**「讓我們攀上高峰的不是奇招，而是熟能生巧的基本招式。」**

　　而企業的基本就在於人，所以下一個章節我們就來談質化分析的第一個要素「人」的分析。

質化分析首要：
3面向審核經營者是否卓越

2-3

卓越的企業由卓越的經營者所打造，所以質化分析的第1個重點就是分析經營者，也就是分析公司老闆或者執行長（在本書之中只要提到老闆或者執行長，指的都是具有最終決策權的經營者）。

有些了解價值投資的人可能會反對這個論點，他們會認為價值投資是：「要找有護城河的公司，而不是要找傑出的經營者，經營者不是護城河。」

經營者的確不是護城河，因為經營者是人，人的天年有時而盡，最終會辭世。而護城河是一家公司可持久的競爭優勢，不會因為人離開而改變，因此經營者不能算是護城河。

但這不代表經營者不重要，實際上，一家公司營運的好壞，經營者絕對有重大的影響，其大致可分為 4 種類型（詳見圖 1），其中最理想的投資標的是第 1 種類型──「優秀的經營者，加上有護城河的公司」，這類公司買入之後不用煩惱，公司會自己顧好自己，如同巴菲特（Warren Buffett）說的：「我們不必教全壘打王如何揮棒。」

　　第 2 種類型是「糟糕的經營者加上有護城河的公司」，這類公司雖然不見得會倒閉，但是公司本身的潛力無法發揮出來，只能運用原本的優勢，無法增加新的護城河。

　　尤有甚者，可能讓公司的內在價值下滑，這種狀況就必須替換經營者，但是替換經營者不是一件容易的事情；巴菲特把這種狀況比喻成離婚，既痛苦又費時，而且結果如何還得看運氣。

　　第 3 種類型是「優秀的經營者配上糟糕的公司」，在這種情況下經營者往往非常辛苦，卻仍無法讓公司的內在價值提升，巴菲特對此的說法是：「優秀的經營者遇到糟糕的公司，名聲不變的往往是後者。」

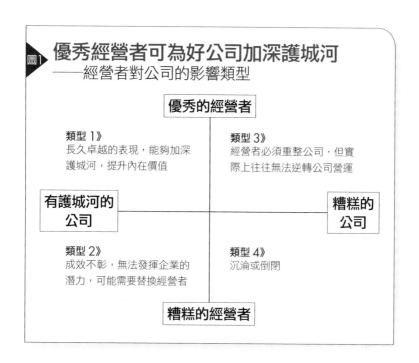

圖1 優秀經營者可為好公司加深護城河
──經營者對公司的影響類型

優秀的經營者

類型 1》
長久卓越的表現,能夠加深護城河,提升內在價值

類型 3》
經營者必須重整公司,但實際上往往無法逆轉公司營運

有護城河的公司

糟糕的公司

類型 2》
成效不彰,無法發揮企業的潛力,可能需要替換經營者

類型 4》
沉淪或倒閉

糟糕的經營者

最不理想的類型是糟糕的經營者和差勁的公司,這類標的絕對會令你虧錢。

當我們把投資目標鎖定在「內在價值成長股」的時候,優秀的經營者加上有護城河的公司是絕對必要的;雖然經營者不是護城河,但是經營者是「打造護城河的人」,在

此我們要學會識別良好經營者的能力。

從心智能量、價值觀、能力圈分析經營者

看人的能力並不容易，在 HBO 的紀錄片《成為巴菲特》中訪談了巴菲特的好朋友——美國微軟公司創辦人比爾‧蓋茲（Bill Gates），比爾‧蓋茲對巴菲特看人的能力百般推崇，他說：「華倫（指巴菲特）評估人和企業的能力真是神奇，我們真希望有他的 1/5。」

巴菲特能有卓越的投資績效，除了嚴守價值投資的紀律之外，他那看穿質化特質的「高機率洞察力」也是一個必要重點，這個能力除了幫他看出企業的競爭優勢之外，還能一併找出他說的：「能幹，且以股東利益為本的經理人」。

對於立志找出內在價值成長股的人，找出好的經理人是必須的。成長股之父菲利普‧費雪（Philip Fisher）在《保守型投資安枕無憂》（Conservative Investors Sleep Well）的第 2 篇〈人的因素〉裡面說：每家卓越企業都有一個意志堅定的創業家，帶著衝勁、創意和技能，把公司

打造成真正值得的投資工具，這種值得投入大筆資金支持的人擁有「閃耀靈魂」。

為了找到能幹且以股東利益為本的「閃耀靈魂」，我開發了一套系統化的評估方式，這個系統要分析經營者的 3 個面向：

1. X 軸：心智能量。
2. Y 軸：價值觀。
3. Z 軸：能力圈。

透過這 3 個面向，我們可以找出進入能力圈的「內斂型給予者」，這就是我們的投資標的。在運用這個方法的時候，謹記我們主要的思考技術不是心理學，而是生物學，所以我們必須繞點彎路，先聊聊跟生物學有關的話題。接下來的 3 篇文章，我們就來依序認識這 3 個經營者的分析面向。

2-4 心智能量》長期成長型公司 經營者多為「內斂型」

　　想像你是一位種族基因程式設計師（我們就假設是兔子好了），你的目標就是讓兔子這個種族，在面對種種不確定的未來，都能夠順利的生存和繁衍。因此你設計了一種基因屬性是主動積極的外向型兔子，和另一種屬性相反的思考內斂型兔子。現在有 2 種狀況：

　　狀況 1》眼前一片大草原，外向型兔子看到草原立刻衝去吃，內斂型兔子則思考有沒有獅子在旁邊埋伏；結果這是安全的草原，因此外向型兔子吃飽了，內斂型兔子沒得吃，最後餓死了。

　　狀況 2》同樣是草原，外向型的兔子衝出去時，被埋伏的獅子吃掉了，內斂型兔子逃過一劫後，找到了安全的草

原，因此順利生存。

身為基因程式設計師，你不知道未來會遇到哪個狀況，所以最理想的生存策略就是兩邊押注，反正一定會有一邊正確。現在把兔子改成人，人也一樣的分成外向型和內斂型，兩者的差別，就是心智能量的不同。

藉外向、內斂型人才互補，提升經營績效

德國語言學博士希薇亞・洛肯（Sylvia Löhken）寫了一本探討這個主題的書──《性格的優勢》（Intros und Extros），這本書告訴我們如何分析外向型和內斂型的性格。

洛肯博士認為，外向型人物屬於狂野的美式作風，如同戰場上的猛將；內斂型則是優雅的日式作風，如同負責策畫的軍師。一家公司要成功，裡面的人才就要同時具備這兩種類型，才能互補缺陷，提升經營成效（詳見表1）。

例如當公司要行銷產品的時候，需要內斂型人才進行市

場分析和數據判讀,也需要外向型人才進行業務和談判,這是外向型擅長的工作,藉由搭配來成就一家公司。

內斂型代表:巴菲特、比爾·蓋茲、張忠謀

那麼,談到負責掌舵,主導未來發展的公司老闆是外向型還是內斂型好?基本上兩者都有可能成功,不過我們的社會傾向讚揚外向型經營者,因為這類型的經營者充滿領導魅力、自信和魄力,能激起眾人追隨。

但我發現,真正能夠打造長期成長公司的經理人,往往是內斂型領導者。因為內斂型領導者目光遠大、專注,充滿耐心和堅忍不拔的意志力,同時具備分析和學習的能力,鎖定目標的能力超越常人,如同柯林斯(Jim Collins)在著作《從 A 到 A +》(Good to Great)裡,所提到的「第5 級領導人」一樣,這類型的經營者,他們有能力打造偉大的企業。

內斂型領導人比想像中還多,希薇亞·洛肯的另一本著作《內向者的優勢》(Leise Menschen)裡面舉例了許多

表1 **外向型具行動力，內斂型善於三思而後行**
——內斂型與外向型性格特質比較

	內斂型	外向型
特質	像蓄電池一樣，放電之後需要休息。低調，有思考力	像風車一樣，需要風才會產生動力。引人注目，有行動力
形容詞	專注，耐心，眼光長遠，具備分析能力，喜歡閱讀，防禦，安全導向，喜歡三思而後行，喜歡獨處	爽朗，豪邁，做事迅速，充滿活力，喜歡旅遊，積極，報酬導向，喜歡先做再說，喜歡社交

資料來源：《性格的優勢》

優越的內斂型領導人，包含巴菲特（Warren Buffett）和比爾‧蓋茲（Bill Gates）。

巴菲特之所以能在投資上具備優勢表現，內斂型性格獨有的冷靜、理性、耐心、大量閱讀、獨自決策、做出妥善的資本配置……等特質能力，都有助於投資的優異表現。巴菲特也用一樣的標準要求子公司的經理人，所以羅伯特‧海格斯壯（Robert G. Hagstrom）的著作《值得長抱的股票 巴菲特是這麼挑的》（The Warren Buffett Way）裡列出巴菲特的選股法則中的其中一條就是：**管理階層是否理**

性？

對於深思熟慮的內斂型人格來說，理性是他們的天生優勢，只要你找到內斂型管理階層，他們絕大多數都是理性的人。舉例來說，已於 2018 年從台積電（2330）退休的晶圓教父張忠謀，就是典型的內斂型性格，他審慎和謀略的特質，幫助台積電的產品定價以及產能的資本支出控制得宜，而這兩者都是極端困難的事情。

因為如果產品定價太高，客戶可能無法接受，就會引來競爭對手的低價搶單；如果產品定價太低，那麼當產能閒置，同時又得負擔水電和折舊攤銷這些固定成本，就可能造成公司虧損。因此，如何妥善拿捏、制定產品售價絕對是一門學問。

再者，則是廠房的資本支出，晶圓代工是屬於高資本支出型的公司，如果支出過高，擴充過多產能，卻錯估時勢，導致日後產能閒置，那麼日常營運上的固定成本也將是一大負擔。有些公司會因此接低價單來填補產能，但這樣又會讓公司失去抬高產品價格的能力；相反的，如果產品市

場正在成長，公司產能卻不足的話，就可能把市場占有率拱手讓人；由此可知，要做好完美的資本支出估算，是學問、更是一門藝術。

由於張忠謀具備內斂型的理性分析能力和長遠的目光，加上他專注在晶圓代工這個能力圈之中，使他能見人所未見，看到半導體產業的未來發展，因此在 2009 年金融海嘯後大舉增加資本支出；之後趕上智慧型手機的崛起風潮，同時讓台積電維持高毛利率，使得台積電在晶圓代工的領域地位更加穩固。

在 2018 年，張忠謀宣布退休，而我特別關注他對接班人的人事布局。這次張忠謀採取的雙首長制，讓具有內斂特質的劉德音擔任公司董事長，負責重大決策如資本支出的把關；具有外向性質的魏哲家擔任總裁及副董事長，負責對外法說會和業務相關等職務。

張忠謀說：「這兩人有很強的互補作用，劉德音會把問題想得很透徹、很周到，是最後的把關者；魏哲家做決策很快，做事節奏明快。」

仔細看這些形容詞，就能知道張忠謀非常擅長看出人的特質並且做出任務分配；只要台積電的文化能持續傳承下去，未來即使會遇到顛簸，最終仍能成長。

利用「20哩行軍」目標，作為公司衡量標準

　　內斂型領導者特別具備數字天賦，因此他們會透過計算，替公司訂下一個專屬的成長數率，柯林斯在《十倍勝，絕不單靠運氣》（Great by Choice）這本書裡面，把這個專屬績效的概念叫做「20 哩行軍」（20-Mile March）。

　　所謂「20 哩行軍」，就是事先訂一個明確的數字目標，並且維持高度的一致性。他同時設定一個有挑戰性的上限值，也會設定一個下限值，只要你的營運成果在此區間中，就可以算是表現優越。

　　巴菲特從 1956 年開始經營合夥事業的時候，就訂下了一個知名的 20 哩行軍標準，這個標準就是「投資績效必須在 3 ～ 5 年之間打敗加計股息的大盤指數。」這個標準持續應用在波克夏（Berkshire Hathaway），在波克夏年

報的首頁，年年都有波克夏淨值比對 S&P 500 指數的績效
圖；他年年必須更新績效圖，因此這個基準等於校對用的
羅盤，提醒他的營運表現。

1 年的表現可能受到運氣影響，5 年的長時間表現，受
運氣影響的程度就低了。所以自我要求嚴謹的巴菲特，真
正希望的衡量基準是以 5 年為區間的 5 年滾動期間報酬率。
他在 2010 年波克夏年報上列出了「5 年滾動期間」的報
酬率，驚人的是，波克夏過去 42 個 5 年滾動期間報酬率
都贏過大盤！

表 2 是截至 2010 年，共 15 個區間的比較，可以看到，
有 4 個區間 S&P 500 指數的 5 年年化報酬率是負報酬，
波克夏公司卻依然繳出正報酬；其中 1998 年～ 2002 年、
2000 年～ 2004 年，波克夏公司更超越大盤逾 10 個百
分點的年化報酬率，績效相當驚人。

巴菲特之所以有這樣卓越的表現，這種專屬的「20 哩行
軍」規定，絕對是重要的衡量標準，所以對公司進行質化
分析的投資人，在尋找各種資料的時候，必須對這種「20

哩行軍」的資訊保持敏感。

「20 哩行軍」的概念通常反映在老闆對營收和獲利成長的看法。普遍來說，一家公司在成長的時候，最怕的就是過度追求成長而翻車，這通常是外向型領導者會犯的錯誤。尤其股市投資人總是熱愛短期成長股，在這種誘因下，不少公司會設法讓營收年增率提高，或者在財報上美化每股盈餘等，以刺激股價。

但是真正最好的內在價值成長股往往不會在乎短期，而是會專注在自己的成長原則，如同 20 哩行軍一樣。所以菲利普·費雪（Philip Fisher）在《保守型投資安枕無憂》（Conservative Investors Sleep Well）的第 2 篇〈人的因素〉中，提醒投資人要關注一個重點：「這家公司的管理層必須為了公司成長，而制定紀律要求。」

實戰範例1》豐泰（9910）

以台股公司為範例，製鞋大廠豐泰（9910）是運動品牌 Nike 的重要代工夥伴，豐泰的企業總部設在台灣，主要生產基地為越南、印度、印尼等地。2010 年底，豐

表2 波克夏5年滾動期間報酬率打敗大盤
——波克夏與S&P 500報酬指數5年年化報酬率

5年滾動期間（年）	年化報酬率（％）		差距❶－❷（百分點）
	❶波克夏	❷S&P 500指數（含息）	
1992～1996	24.2	15.2	9.0
1993～1997	26.9	20.2	6.7
1994～1998	33.7	24.0	9.7
1995～1999	30.4	28.5	1.9
1996～2000	22.9	18.3	4.6
1997～2001	14.8	10.7	4.1
1998～2002	10.4	-0.6	11.0
1999～2003	6.0	-0.6	6.6
2000～2004	8.0	-2.3	10.3
2001～2005	8.0	0.6	7.4
2002～2006	13.1	6.2	6.9
2003～2007	13.3	12.8	0.5
2004～2008	6.9	-2.2	9.1
2005～2009	8.6	0.4	8.2
2006～2010	10.0	2.3	7.7

資料米源：波克夏年報（2010年）

圖1 ▶ **豐泰2010年~2015年股價上漲逾500%**
——豐泰（9910）月線圖

註：資料統計自 2010.07.01 ~ 2019.02.11　　資料來源：XQ 全球贏家

泰的股價僅約 32.5 元，2015 年 10 月最高漲至 212
元（2015.10.05），不到 5 年的時間，股價上漲超過
500%（詳見圖 1）。

　　豐泰的股價上漲，來自強勁成長的基本面。從 2010 年
開始，豐泰營收年年維持成長，稅後淨利也在成長軌道上。
想了解這家公司成長的驅動力，老闆對於公司經營的看法，

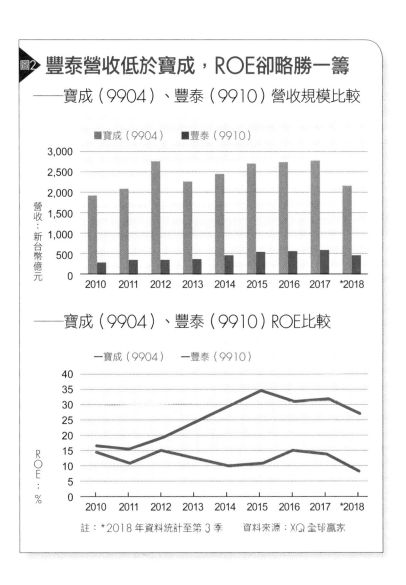

圖2　豐泰營收低於寶成，ROE卻略勝一籌

──寶成（9904）、豐泰（9910）營收規模比較

──寶成（9904）、豐泰（9910）ROE比較

註：＊2018年資料統計至第3季　　資料來源：XQ全球贏家

是很重要的參考。雖然一般人很難對於公司經營者進行訪談，但我們也可以從公開的訪談報導窺知一二。

　2016 年 7 月，就在我研究豐泰的時候，看到了《商業周刊》第 1495 期的報導〈喬丹鞋背後神祕台廠〉，文中正好報導了豐泰創辦人王秋雄如何擘畫公司營收成長的話題。原來，王秋雄僅將公司的營收成長率設定為 8%，這樣的目標並不算高，如果跟同業寶成（9904）相比，豐泰的營收規模低了許多，2017 年，豐泰全年營收是 586 億元，寶成是 2,786 億元，豐泰全年營收的表現，連寶成的零頭都不到（詳見圖 2）。

　為什麼王秋雄會設定偏低的營收成長率？這樣不會失去規模優勢嗎？報導中指出，「王秋雄計算過，一座製鞋工廠平均 8,000 個員工，如果不想發生像越南、東莞大罷工，就得培養 15 位以上優秀的當地經營人才，一個總經理的養成要 10 年，算下來，1 年 8% 正好配合人才培養的速度。」豐泰這種踏實的成長率，反映在優秀的股東權益報酬率（ROE），2017 年豐泰的 ROE 高達 31.11%，寶成的 ROE 是 13.52%；前文提到豐泰股價於 2010 年底

32.5元～2015年最高點212元，強漲超過500%，同期間寶成的漲幅不到100%。從這個角度看，投資營收規模較大的公司，不見得能成為投資人的優勢，投資人能獲得的真正優勢，是直接反映在投資獲利上。

實戰範例2》儒鴻（1476）

另一種專注長期成長的公司，會將部分的利潤撥出作為研發和支出應用；雖然這個動作會讓短期利潤看來變差，每股盈餘表面上看來會減少，但這往往是長期成長的基石，紡織股王儒鴻（1476）就是台股當中的代表範例。

儒鴻的成長性比豐泰更為驚人，2010年底從38.45元（2010.12.31收盤價），最高漲到2015年最高價549元（2015.09.18），累積漲幅超過1,300%（詳見圖3）。儒鴻的稅後淨利在2009年僅約3億7,700萬元，2015年大幅成長至41億7,400萬元。營收自2010年到2015年，連續6年都有2位數的成長率，且ROE甚至在2015年衝到39.28%。

然而，2016年儒鴻的高成長性開始趨緩，2016年全

年的營收與獲利的成長性出現衰退，股價也面臨下修，
2017年11月儒鴻股價一度下探至263元（2017.11.27
最低價），從高點549元腰斬。叱吒一時的成長股，股價
下跌至此，是會繼續沉淪？或是有可能東山再起？

當時儒鴻董事長洪鎮海接受《商業周刊》採訪（第
1567期），他語出驚人的表示，「2016年儒鴻營收、
獲利衰退，是我們刻意為之的調整。」

原來，洪鎮海已經有所準備，從1977年起家開始，他
已經看過數次產業循環；連續幾年的高度成長，隨之而來
的就會是一波衰退。因此在洪鎮海的主導下，為2016年
定下衰退目標。其第1步就是訂定出衰退的營收目標，根
據品牌客戶的財報與產品附加價值，陸續淘汰掉表現不佳
的客戶；取而代之的，是把產能轉到高單價、產品具有未
來性的新客戶。這麼做，是為了在可能衰退的景氣當中，
想辦法維持競爭力。

想吸引高單價、有未來性的新客戶，儒鴻當然要有能力
滿足客戶需求；這部分，不是只靠新機器、新廠房就可以，

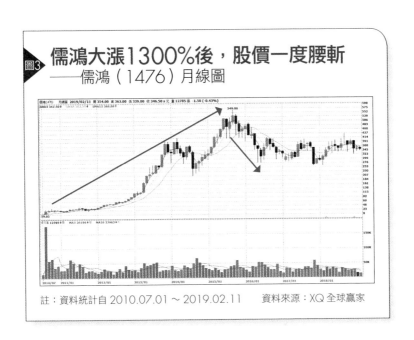

圖3 ▶ **儒鴻大漲1300%後，股價一度腰斬**
——儒鴻（1476）月線圖

註：資料統計自 2010.07.01 ～ 2019.02.11　　資料來源：XQ 全球贏家

關鍵在於「研發」，而研發的核心就是人才。但要找到擁有美術和成衣背景的研發人才談何容易？答案是，自己培養。

洪鎮海大膽招聘新人，條件是美術相關科系出身，進公司後，必須先在布廠和成衣廠各實習半年以上。他說，「真正可以開始設計，大概都待 2 年以上，前期的人事費用和

儒鴻2018年前3季獲利優於2017全年
表3
——儒鴻（1476）營收與獲利數據

年度	營業收入（億元）	稅後淨利（億元）	EPS（元）	ROE（%）
2010	85.4	7.6	3.83	22.85
2011	106.5	11.8	5.60	29.15
2012	135.7	17.9	7.61	32.51
2013	181.4	27.4	10.91	37.30
2014	208.4	30.0	11.51	34.15
2015	255.2	41.7	15.99	39.28
2016	245.3	36.6	13.67	28.02
2017	242.3	30.5	11.12	20.34
2018Q1～Q3	200.3	31.4	11.43	20.40

資料來源：XQ全球贏家

試錯成本，我都必須要承擔。」又說：「研發人才對公司要有貢獻，至少要有2年培養，到真正領軍則需要5年。所以我們的管理成本大概比同業多3%左右。」

研發費用增加，短期內看來是費用，但是長期下來是投資。洪鎮海接受《商業周刊》採訪的時間是2017年11

月下旬，隔年可以看到儒鴻的 2017 年 EPS 是 11.12 元。把時間快轉到 1 年後，儒鴻 2018 年前 3 季的 EPS 合計就有 11.43 元，已經超越前一年全年獲利（詳見表 3）。

重視「20 哩行軍」的公司，投資人不用擔心擴張過度，也不用擔心成長趨緩，因為它們有自己專屬的成長速度。只是市場上的投資人往往沒耐心的等待，加上人性的偏誤，使得股價產生了心理上的安全邊際，提供了價值投資人的買入時機。

2-5 從媒體報導關鍵字 快速識別內斂型老闆

　　我在股票市場常常發現一件奇怪的事情：當營運普通、甚至開始轉差，但具有知名度的公司股價下跌時，市場上人人會喊便宜買進；而真正良好、卻低調的公司股價下跌，人人都說它開始轉差，鮮少有人買入。

心理誤差產生的安全邊際，成逢低進場時機

　　原因在於，當一家糟糕的公司股價下跌得很慘，但管理階層出來發表一些宣言之後（通常是有魅力的外向型領導者），投資人紛紛會以撿便宜的心態去買入股票，因為管理階層出來信心喊話，所以投資人也開始有信心了。但事實上該公司未來營運仍然很差，而大多數人以為撿到便宜，實際卻是買到差勁的公司。

　　反之，一些好公司股價下跌，但基本面並沒有大幅度地轉差，投資人卻往往不敢低檔承接這些公司；理由是他們認為天底下沒有永遠好的公司，未來這些公司會變差，加上老闆沒出來喊話，一般投資人就沒有買入的信心。

　　但如果公司老闆是內斂型經營者，對投資人喊話本來就不是他們會做的事情，他們習慣默默把事情做好，認為只要用營運的成績單來證明自己即可，實在沒必要喊話。所以價值投資者就可以在這樣的情況下，用反市場心理的方式來買入好公司。

　　這幾年的投資經驗還讓我發現了一個人性上的特點：大多數的人會傾向瞧不起低調的人，他們認為低調的人往往是沒實力的人。所以低調的老闆，就產生了被市場低估的情況發生，這是一種**「心理偏誤產生的安全邊際」**，這種人性上的弱點，讓真正的好公司在低檔沒人會去買，也讓具備洞察力的價值投資人，得到切入好股票的適當機會。

　　我們談了這樣多，對於初探質化分析的價值投資者來說，似乎是難以入手執行。我的建議是大量閱讀《商業周刊》

和財經報章雜誌，藉此累積各種知識和資訊。

低調、惜字如金，為內斂型老闆代名詞

也許有人會說：「報章雜誌的報導都經過美化。」的確，很多採訪都有這種情況發生。但是我發現內斂型老闆的報導有兩個特徵：第 1，他們的報導數量相對少，這是因為他們的本質就是低調的人；第 2，是我發現這些內斂型老闆的報導通常含金量非常豐富，值得一看再看。相反的，那些美化後的報導，通常不具備含金量。

為什麼呢？因為內斂型老闆通常準備充分，審慎的接受每一次的採訪，所以讀者也會因此有收穫。即使會有人認為他們被報導的時候就是高峰期，開始看壞他們的未來股價，但是這些老闆往往默默地累積實力；即使股價一時下跌，隨著時間過去，往往在他人不知不覺下，營運狀況與股價再創另一個高峰。

質化分析本來就是一種判讀資訊的技術，這種技術是為了幫助你在海量資料中識別出有用的資訊。其中有一種簡

單的竅門,是找出採訪記者對老闆性格上的描述,把這些描述當成關鍵字,能讓你快速過濾識別。

通常內斂型老闆的關鍵字有:「低調」、「惜字如金」、「不愛受訪」、「喜愛閱讀」、「深思熟慮」、「審慎」、「具備策略」……等,為了讓讀者能夠自行練習,以下是我抓出來的符合上述關鍵字的台股公司經營者:

◎**惜字如金**:大立光執行長林恩平、儒鴻董事長洪鎮海。

◎**審慎**:台積電創辦人張忠謀、可成董事長洪水樹、大立光執行長林恩平。

◎**重視數字**:台積電創辦人張忠謀、豐泰創辦人王秋雄、儒鴻董事長洪鎮海、川湖總經理林淑珍。

◎**做好準備**:台積電創辦人張忠謀、儒鴻董事長洪鎮海、豐泰創辦人王秋雄、川湖總經理林淑珍。

讀者可以找出這些老闆過去的採訪,逐一比對這些人格特質的關鍵字,多練習幾次就能看出來了;你甚至可以在生活中練習,看你周圍有哪些人是內斂型人物。如果你想更了解內斂型人物,前文提到的《內向者的優勢》(leise

Menschen）是一本必備讀物。

　　我們要尋找的內在價值成長股，就是具備優越成長力的公司。內斂型老闆能做好規畫，讓公司能穩定成長；但僅憑一人之力，無法成就長久的優秀公司，同時要有強大的營運團隊和優良的勞資關係。因此，公司領導人除了最好是內斂型經營者，他還必須是個給予者（Giver），這也是我們下一篇文章要探討的主題。

價值觀》「給予者型」經營者是公司永續發展關鍵

2-6

當你把錢投入一檔股票的時候，等於是把你的錢交給一個老闆管理，因此老闆是怎樣的人對股東而言非常重要。由於老闆能掌握公司所有的資源，如果投資人遇到不肖的老闆，手法拙劣的會掏空公司、手法高明的會在不違法的狀況下利益輸送，無論高明還是拙劣，投資人都會因此受害。

所以費雪（Philip Fisher）在 15 要點裡面列的最後一點就是：「公司管理階層是否具備絕對正直態度？」，他還補充了一句話：「只要這家公司的管理階層不具備強烈的託管人使命感，投資人絕對要敬而遠之。」

我們怎麼樣才能知道管理階層是有責任感又正直的人

呢？一個人的特質會從他的價值觀顯現出來，正直的人有正直的價值觀，惡劣的人則否，因此你需要學會分析老闆的價值觀。

本文在討論價值觀分析時所秉持的觀念，仍然和前一個章節提到的生物學概念有關。假設你是基因程式設計師，已設計了外向型和內斂型兩種策略，那麼下一個問題是：「在資源有限的狀況下，合作、奪取、利益往來這 3 種策略，哪一種才能讓種族存活率最大化？」要了解這個問題，我們可以從巴菲特（Warren Buffett）的事業夥伴蒙格（Charlie Munger）經常推薦的一本書《自私的基因》（The Selfish Gene）找到答案。

合作＋利益往來策略，可提高群體平均成就

《自私的基因》作者是英國演化理論學者道金斯（Richard Dawkins）最具代表性的著作，書中列出 3 種人類生存策略：傻瓜、騙子和小氣鬼。

「傻瓜」就是付出成本幫助他人成功的人，採取的是合

作策略；「騙子」就是不事生產、掠奪他人資源的人，也就是奪取策略；「小氣鬼」就是只回報幫過他的人，同時是對騙子懷恨在心的利益者，採取的是利益往來策略。

哪個策略可以讓種族存活最大化？道金斯用電腦模擬後發現：當一個群體都是傻瓜的時候，整體的「平均成就」會相對高，所以傻瓜付出成本的行為其實不傻，因為他們能增加整體的成就。

而當一個群體都是騙子的時候，在彼此掠奪和報復的狀況下會使「平均成就」下滑，最後群體都會走向滅絕；所以騙子雖然沒成本，但也不見得總是占優勢。

傻瓜和騙子之間，還存在著一種「寄生模式」，當群體有大量傻瓜的時候，少數的騙子可以寄生在傻瓜上。這很像你在學生時代合力做分組報告的時候，總是有人趁機搭便車，做報告時不出現，成績卻有他的份，這些人就是典型的騙子寄生蟲。

不幸的是，隨著時間過去，傻瓜的資源會被騙子奪走，

所以傻瓜的數量會因此減少。騙子因為取得資源，所以數量會增加。這種情況會造成劣幣逐良幣，讓種族的平均成就因此下滑；當騙子的數量超過臨界點的時候，最後整個種族就會走向滅亡。

這時「小氣鬼」在這邊就會派上用場。當群體有小氣鬼的時候，對騙子會起制衡作用。小氣鬼的比率占到一個關鍵比重時，群體裡面的騙子會以高速走向滅亡，傻瓜和小氣鬼開始占優勢，讓群體平均成就再度提高。

從這邊可以知道，採取「合作、加上一定程度的利益往來」策略，可以讓種族的平均成就提高。把生物種族換成公司，那麼一家公司的傻瓜愈多、同時維持一定程度的小氣鬼，那麼整體的平均成就會愈高。

按價值觀區分：給予者、奪取者、利益者

亞當‧格蘭特（Adam Grant）是美國華頓商學院最年輕的終身職教授，他的著作《給予：華頓商學院最啟發人心的一堂課》（Give and Take），可說是道金斯人類自私基

因理論的商學院版本。格蘭特在書中將人依照價值觀分為「給予者」（Giver ／傻瓜）和「奪取者」（Taker ／騙子），還有介於兩者之間的「利益者」（小氣鬼）。

　道金斯提到的「種族平均成就」，我們可以轉換成「公司內在價值」概念。當老闆是給予者的時候，公司的內在價值才會持續提升；老闆是奪取者，公司就會失去內在價值；如果老闆是利益者，當他在位時會提升價值，卸任後內在價值必定下滑。如果我們要找到費雪和巴菲特口中的：「能幹且為股東權益著想的經理人」，那麼這個經理人必定是個給予者，而他必須要找到更多的給予者，才能提高公司的內在價值。

　《從 A 到 A ＋》（Good to Great）裡面說過：卓越的企業必須嚴守「先找對人，再決定做什麼」的紀律，我認為找到「對的人」就是找到「給予者」；只要老闆找到眾多的給予者之後，不但企業整體能同心協力，同時還能做好永續傳承，確保公司在他離開後還能繼續發揚光大。

　我們要怎麼看出一個人是給予者？巴菲特曾經在演講中

說明了尋找給予者的方法,他說:「當我在大學上課時,我讓學生們想『如果在後半生只能擁有班上 10% 的同學,會如何挑選?』他們不會挑智商最高的,也不會挑成績最好的,他們會挑選最有成就的。」

人們有成就,原因是其他人願意和他們一起共事,願意團結在他們周圍;人若擁有一些好的特質,例如慷慨、幽默、準時、謙虛、幫助他人,這些優點會讓一些人脫穎而出。

從巴菲特的演講之中,我們可以知道找出給予者的重點在於「觀察人的特質」,給予者具備良好的正面特質,作為對照組的奪取者則有糟糕的負面特質。最後,有一個兼具給予者和奪取者特質的類別,讓人難以分類,這個類別很可能就是利益者,接下來我們就分別來介紹這 3 種類型。

給予者型》建立系統讓公司持續傳承

給予者是給予資源的人,也就是所謂的好人,他們認為人性本善。他們本身就是好人,以己度人,所以也會認為他人是好人。當他們發現,如果有人做了犯法的事情,第

一個反射思考會想：「他一定是不得已的。」因為他自己只有在不得已的狀況下才會做壞事。

給予者老闆是一種具備責任感的類型，這種受託者基因是天生的，因此他會設法平衡股東、員工、客戶，還有供應商之間的關係。在費雪 15 要點裡面，費雪透過以下這 3 個要點，來檢視老闆是否為給予者。

要點 7》公司的勞資和人事關係是否理想？
要點 8》公司高階主管的關係是否良好？
要點 9》公司管理階層的板凳深度是否足夠？

實戰範例》豐泰（9910）

我們接下來以台股製鞋大廠豐泰（9910）來舉例，可先看要點 7。

良好的勞資關係，能提高營運績效，通常會反映在比同業高的薪資水準、員工福利，還有較低的員工流動率。這些資料我會用「企業社會責任（CSR）報告書」來檢視，你可以在豐泰的官網上找到這份資料。

薪資水準》最低薪資高於當地法定薪資水準

豐泰的企業社會責任報告書上對員工薪資的描述，就列出各地區的法定最低薪資和公司給的起薪比較表格，豐泰的最低薪資都高過法定薪資。

員工福利》因地制宜

在員工福利方面，則列出各地區有不同的福利，例如在台灣總公司，擁有設備完善的活動中心，包括健身房、籃球場、高爾夫果嶺練習場……等；在越南地區，提供獎學金給員工子女；印度地區為員工與子女提供免費視聽力檢查，懷孕的女員工在每個工作日享有專屬營養品。讓我最驚訝的是印尼地區，有項福利是「每年有 3 位信仰伊斯蘭教的員工，可獲公司全額補助前往麥加朝聖。」

員工流動率》極低

在 2017 年，豐泰集團整體員工的月平均流動率為 1.5%，較前一年度下降 0.1 個百分點；意思是每 1,000 人當中，平均每月僅有 1.5 人離職。其中月平均流動率最高者為中國地區 2.1%，最低為印尼地區 0.3%，而台灣也僅有 0.5% 的流動率。

除了這幾點之外，最重要的資訊就是《商業周刊》第1495 期的〈喬丹鞋背後神祕台廠〉報導，文中寫到：「寶成工業近 4 年來陷入廣東、越南的工廠人員薪資糾紛與暴動問題時，豐泰內部一片祥和。」這就是豐泰勞資關係良好的展現。

而要點 7 和要點 8 可以一起談，高階主管關係良好，才有可能讓公司整體的能量一致，發揮合作的力量。公司管理階層的板凳深度夠，才不用擔心高階人才出走之後，讓公司營運出現危機。

豐泰走的是創新研發的路線，所以重視研發人才，研發人員的獎金甚至可以高過管理團隊。而為了培養人才庫，它在 1979 年就撥出部分盈餘，於台灣雲林縣的總公司成立員工幼兒園，這樣不但能讓員工安心上班，員工的下一代，也能成為公司的潛在人才。有些 1979 年時就讀豐泰幼兒園的孩子，現在甚至已成了豐泰的處長級員工。

實際上從豐泰出走後創業的公司也不少，這些公司加起來營收有豐泰的 1/3 這樣多，可是豐泰仍然屹立不搖，這

就是公司高階人才板凳深度夠的優勢。

除了前述 3 個要點之外，給予者類型的老闆因為具備誠信與責任感，成為公司生意可長可久的關鍵。豐泰早在 1976 年就與運動品牌 Nike 簽訂合約，是 Nike 在亞洲設廠的第 1 站。長年以來，Nike 與豐泰不僅是品牌與代工廠的關係，更是事業上密不可分的合作夥伴。

根據《商業周刊》專訪豐泰創辦人王秋雄的報導，1988 年，Nike 為了爭取中國的內銷額度，說好要在太倉市設立鞋盒工廠，沒想到 Nike 購買土地時，被中國政府要求要製造運動鞋。王秋雄受託前往支援，花了 9 個月讓工廠上軌道，也成為日後豐泰到中國設廠的契機。Nike 創辦人菲爾‧奈特（Phil Knight）更說過，「王秋雄，是我在遠東工廠唯一信任的人。」

香港富豪李嘉誠也曾在接受訪談的時候說：「做人成功的重要條件，就是讓你的敵人都相信你。當答應的事情連吃虧都會照做，那麼每個人都會相信你說的話比簽合約還有用。」

「信任」能加快生意成交的速度，「給予」則會產生回饋效應，所以許多人願意和給予者老闆「互惠回饋」。雖然很多給予者老闆會覺得自己成功是運氣好，但是這種表面的運氣，實際上是長期累積的成果。

給予者老闆的最終責任感是「成功不必在我」，所以他會建立一個可長可久的系統，讓公司能持續的傳承下去、讓公司擁有正面的誠信，這就是給予者對成功的定義。當你知道某一家公司相當有名，並且對它有正面的評價，但卻喊不出該老闆的名字，這家公司很有可能就是給予者老闆創立的。

媒體報導對給予者老闆的描述，最常出現的形容詞是：「人很好」、「有責任感」、「可靠」、「值得信任」、「重感情」、「念舊」、「誠信」、「溫暖」、「無私」、「正直」等。當你在閱讀訪談報導資料的時候，可以搭配這些關鍵字，和費雪要點 7 到要點 9 這 3 點，來檢視老闆是否是個給予者，只要你練習的次數夠多，就能清楚的辨識出給予者的特徵。當然，有些特徵我們是用對照的力量看出來的，如果在給予者旁邊放一個奪取者做對照，你識別的能力就

會更加精準。

奪取者型》恐有掏空公司危機

蒙格經常告訴我們：「反過來想，永遠要反過來想！」運用這個思維，有給予者類型的人，自然也會有完全相反的類型，這種人就是「奪取者」。

和給予者相反，奪取者是奪取他人資源的人，也就是所謂的「小人」。他們認為人性本惡，不相信世上有好人，認為所有人不是真小人，就是偽君子。當他們發現有人做好事的時候，他們會說：「我不相信天底下有無私付出的好人，這背後一定有陰謀。」因為他們自己就是這種人。

奪取者老闆肯定會掏空公司，他認為公司只是一個牟利的工具。如果公司有獲利，他就會拿走大多數的利潤；如果公司沒有獲利，他就會設法用炒股，變賣資產等各種方式來讓自己牟利。

對奪取者來說，公司只是個物件，重點是他能從這個物

件中擠出多少利潤，大多數做假帳或者違法的上市公司都在這個分類，因此最終往往不是倒閉，就是變賣。

奪取者並非「不知道是非對錯」的人，而是不事生產、認同掠奪的人。所以他們會認同其他奪取者的價值觀，因此你只要注意生活中的小細節，就能觀察出他人是否是奪取者。

有一次我和一位投資朋友聊起某公司的掏空案，這位投資朋友說：「雖然該老闆這樣做不對，不過他還挺厲害的。」聽到這句話之後我就知道，他認同掏空這樣的行為，所以他自己很有可能是奪取者，此後我不再和這人聯絡。

也許你會認為我這樣的判斷太過武斷，但是我和一位具有給予者特質的朋友聊起一樣的案例時，這位給予者朋友則說：「雖然這老闆有賺錢、也很厲害，但這種行為非常不道德。」這是標準的給予者答案。

奪取者表面上看來占便宜，因為他不用花力氣生產，就能夠搶到資源，有些能言善道的奪取者，甚至認為這是一

種聰明的表現。但是奪取者的致命特性就是會「累積仇恨值」，當他和其他奪取者爭執的時候，必定會引來雙方的持續報復，而一場戰爭開打是不會有人雙贏的，只有一敗塗地和兩敗俱傷，就像我練武的師兄常說的：「會武術的人不要跟別人打架，因為打贏進法院，打輸進醫院，兩個都不划算。」

既然奪取者有多樣負面特質，那麼他們是否容易被發現？答案為否。大多數奪取者不但衣冠楚楚，甚至還有權力和地位，且表面上看不出來是壞人。老謀深算的奪取者，會偽裝成給予者，才能讓他人信任；會犯罪的奪取者，則擅長耍手段，設法讓目標相信他。

如果有興趣了解奪取者操作手法的人，可以閱讀暴力行為預測專家蓋文·德·貝克（Gavin de Becker）的經典著作《求生之書》（The Gift of Fear）裡面的第 4 章：〈歹徒的 7 種訊號〉。

如果你是為人父母，在現在社會案件紛傳的狀況下擔憂孩子安危，可以看蓋文·德·貝克的另一本著作《預知暴力：

如何讓您的孩子免受侵害》（Protecting the Gift）。

對於奪取者，最常出現的形容詞是：「自私」、「冷血」、「沒信用」、「貪婪」、「假仁假義」、「虛偽」、「歹毒」、「無恥」，這種人輕則成為網路上的酸民，重則成為社會案件的犯罪者。因此，如果你遇到這種人，離得遠遠就對了，因為他鐵定會占你便宜，須謹記蒙格的提醒：「小心邪惡之人。」

不過奪取者老闆如果出現在媒體報導上，卻不會出現前述形容詞，因為每一個媒體都知道這樣會引來奪取者的報復，尤其這些老闆可是有權有勢。所以這些媒體會改用不那麼正面的形容詞來形容該老闆，例如用「臭屁」、「霸氣」、「梟雄」、「狡詐」、「街頭智慧」……等。你可以去查詢那些爆發掏空弊案的公司老闆，回溯過去媒體對那些老闆的報導，就能大概描繪出具備奪取者特質的人，會呈現出何種形象。

媒體也會透露，競爭對手和供應商往往對這些公司和老闆氣得牙癢癢的，而底下的員工待遇也會如同血汗工廠，

或者充滿階級和派系鬥爭（老闆也鼓勵這些行為），所以員工流動率往往很高，並且認為自己的工作不具意義，只是混口飯吃。

《雪球：巴菲特傳》（The Snowball: Warren Buffett and the Business of Life）裡面描述巴菲特和蒙格對奪取者老闆的態度，他們說：「我們很早就立下零渾球原則（no-asshole rule），不和渾球打交道。」只是有些渾球不容易看出來，這些渾球往往是形象良好的利益者。

利益者型》重視自身的成就更甚股東利益

巴菲特曾經說過：「一個房子裡面，我能分出 10 個合作的人、10 個該遠離的人，還有 80 個不確定的人。」

觀察力強的人，能夠找出 10 個給予者、10 個奪取者，剩下的就是不確定。這些不確定的人，很可能是利益者，因為利益者同時混合了給予者和奪取者的特質，讓人較難以分辨，但等你讀完以下的敘述，說不定就能夠分辨出來了。

　　利益者是重視利益的人，也就是所謂的商人。典型的利益者會說：「貪婪是好的！」他們認為將本求利，對他們有好處時，就會成為給予者；阻礙到他們利益時，就會變成奪取者。所以他們的思考模式是：「天底下沒有道德，道德是誰決定的？利益才是道德。」

　　既然利益就是道德，他們就會鼓吹你：「創造被利用的價值。」因此利益者在看人的時候，一定先看是否有傲人的學歷或者頭銜，抑或者手頭上是否掌握資源，然後調整對你的態度；接著他們會開始善用說服力來組隊，以達成利益目標。理論上來看，利益者似乎行動最符合邏輯，但是利益者有個最大的特點：當你沒利用價值時，他就會把你當空氣。

　　利益者過河拆橋的速度奇快無比，很多時候會令人錯愕：「這個人之前還對我百般討好，怎麼馬上變得面目猙獰？」也因此當他們遇到困難時，不會有人主動幫忙，因為沒人覺得欠他人情。

　　利益者型的老闆有可能把公司營運好，也有可能營運差，

端看老闆個人才華的多寡。有才華的利益者型老闆不太會在財報上做假帳,因為他們認為犯法的風險太大,但是利益者型老闆必定會「美化財報」,讓自己的顏面好看。

這些老闆的本事就是善於作秀,有些甚至形象很好、發言非常有說服力,如果他同時是外向型人物,那麼吸眼球的能力就更好。

例如當公司發表業績的利多消息,媒體、股票市場會因此埋單,股價因此在短期一飛沖天。誘使缺乏判斷力的投資人在高點買入。此時股價往往已超過公司內在價值,利益者型老闆開始獲利了結,股價就會快速下滑,留下被套牢的投資人(利益者型老闆不會因此感到責任和愧疚,他會認為沒人強迫你買股票,套牢是你家的事)。

對利益者而言,自己的利益是最重要的,他自己就代表公司,而員工、股東和供應商皆不重要,所以有些利益者老闆會被批評為血汗工廠,但是老闆並不會在乎這種批評,反而會以鐵血手腕和高壓統治自豪。當利益者老闆退休之後,無論是營運基本面或者是股價,該公司必定會一落千

丈，因為對利益者來說，當他離開公司之後公司變差，才能顯示出他的偉大之處，不過長期投資該公司的股東肯定不會這樣想。

檢視利益者型老闆的方式有一個祕訣：如果你聽到某公司的老闆名聲比該公司名聲更響亮，那麼這位老闆很可能就是利益者。

你可能會想，我們在談給予者型老闆的時候，是以豐泰創辦人王秋雄來為例；那在談奪取者老闆和利益者老闆的時候，怎麼沒有舉例呢？

我們要學習巴菲特常用的一個卡內基原則：「稱讚針對人，批評針對事。」奪取者和利益者都不是正面敘述，所以這些練習，就交給讀者自行思考了。如果你想要更清楚的了解這三者的差異，前面提到的《給予：華頓商學院最啟發人心的一堂課》這本書是本篇的指定讀物。

為了提升大家的洞察力，製作了表格以方便讀者練習（詳見表1）。首先我們先簡單複習一下重點：給予者會給你

利益者易給人勢利、精於算計觀感
表1 ──給予者、奪取者、利益者特色

	給予者	奪取者	利益者
價值觀	好人，給予資源的人，認為人性本善	小人，奪取他人資源的人，認為人性本惡	商人，對自己有好處就成為給予者，有害處就成為奪取者。認為利益就是道德
形容詞	給人溫暖的感覺、善良，坦率，無私，誠信，正直，有正義感，有責任感，可靠，值得信任，重感情，念舊，有老師或醫生的感覺	給人負面的感覺，自私，冷血，虛偽，貪婪，假仁假義，歹毒，無恥，欺騙、邪惡。媒體可能會用偏負面的形容詞做正面讚美	給人勢利的感覺，擅長作秀，精於算計、具有說服力、過河拆橋。自我中心，鐵腕作風，強人
對成功的定義	成功不必在我，重要的是建立一家永續的公司，創造價值、取之社會用之社會	能拿多少就拿多少，以掠奪的額度來展示自己的成功	以知名度來定義成就，當自己擔任執行長的時候公司必須成功，當自己離開後公司必須失敗
缺點	有可能引來寄生蟲，或者成為他人的墊腳石	有可能引來他人的報復	斤斤計較導致失去回饋效應

舒服的感覺，利益者會給你算計的感覺，奪取者會給你負面的感覺，當你對某個人產生上述感覺的時候，就可以拿出這個表格來幫助你判斷。

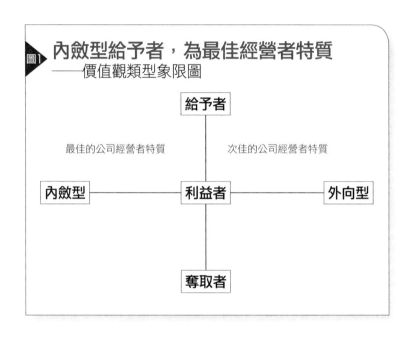

圖1 **內斂型給予者，為最佳經營者特質**
——價值觀類型象限圖

給予者

最佳的公司經營者特質　　　　　　　次佳的公司經營者特質

內斂型——————利益者——————外向型

奪取者

　現在我們回到價值投資，如果我們把前面章節所說的心智能量分析當成 X 軸，把價值觀分析當成 Y 軸，就會得到圖 1。在這個象限圖裡面，本書要優先選擇的就是「內斂型給予者」老闆，這類老闆也是詹姆‧柯林斯（Jim Collins）在《從 A 到 A ＋》這本書裡面提到的「第 5 級領導人」。而柯林斯在《十倍勝，絕不單靠運氣》（Great by Choice）這本書裡提到的 10 倍勝領導人，有部分應該

是「外向型給予者」，這些人不見得低調，但是具備強大
的意志力和超越小我，成就他人的內心。

　然而不管是內斂型還是外向型，老闆都必須要是給予者，
給予者的正直是一種基因，是一種寫在 DNA 上的程式，
讓他們感受到受託者的責任。當他們集結更多的給予者在
公司內，彼此的能量提升，就能讓公司壯大。這個理論不
但可以用來分析經營者，也可以解釋他們內心的驅動力來
源。

　我們再討論一個老問題，本書 1-5 曾提到，一位基金經
理人維持投資績效時，容易面臨一種心理惰性，也就是「滿
足感」。

　如果一位經理人覺得自己的財富已經夠了，他滿足了，
那麼他就會收手。當他收手之後，投資技能可能因為不再
訓練而鈍化；也許他仍能表現得不錯，但是在動機缺乏的
情況下，未來失誤的機率也會因此提高。

　巴菲特也曾經面臨這個「足夠了」的問題，因此他在

1969 年結束了合夥事業，一度希望收手，但他保留了波克夏（Berkshire Hathaway）的持股，他還有這些股東要照顧，其中很多是從合夥事業一路追隨他的人，他們對巴菲特有無比的忠誠心，而巴菲特也回應一樣的忠誠度。

而給予者的力量，在幫助他人的時候會最大化，巴菲特知道許多股東是將身家壓在波克夏身上；這種背負股東的責任感轉化為超越小我、成就大我的力量，使得巴菲特能夠克服心理上的惰性，得到了永不滿足的企圖心，進一步的提升績效。

然而，給予者能在幫助他人的時候提升力量，但也不代表在「所有領域」都能有完美的表現，因為決定一個人是否成功的因素既非 X 軸（心智能量），也非 Y 軸（價值觀），而是決定在 Z 軸上，也就是能力圈。我們在下個章節就要討論能力圈這個主題，這個主題至關緊要。

2-7 能力圈》先符合「刺蝟原則」才有機會建立公司護城河

那些長期下來表現驚人、如同天才一樣的人物，他們有哪些共通點，使他們和競爭對手產生差別？

《發現我的天才》（Now, Discover Your Strengths）這本書開頭描繪了一個故事：巴菲特（Warren Buffett）坐在內布拉斯加大學生面前說：「我和你們沒什麼不同，真的要說有哪些差別，可能只是我每天起床後，有機會做自己想做的事。」

巴菲特是當代公認的「股神」，他創下了前所未有的投資成果，卻說自己和大學生沒什麼不同，怎麼可能？巴菲特並沒有說謊，也不是故作謙虛，他只是小心翼翼的將自己的行為鎖定在「能力圈」之內，並且克制做出可能超出

能力圈的行為，真正的差別就在此。

　體認自己的能力圈是成功的關鍵。一個人如果想要有不平凡的成就，不見得要做不平凡的事情，但是你要先了解什麼是能力圈。

能力圈為生物學概念，指獨有的天賦能力

　「能力圈」是價值投資特有的概念，大多數的投資人會把它解釋為「了解某個公司或者產業」。這僅是一種表層認知；**真正的能力圈是生物學的概念**，指的是你獨有的**天賦能力**！

　我們再稍微彙整一下前幾個章節的觀念，當一個種族要在殘酷的環境下存活，就要在面對不可知的未來情況下，都能夠有應變能力，因此必須具備 3 個面向：

　◎ X 軸「**心智能量**」：追求積極報酬的外向型、重視風險控管的內向型。
　◎ Y 軸「**價值觀**」：主導合作的給予者、傾向攻擊的奪

取者、利益往來的利益者。

◎Ｚ軸「能力圈」：即「天賦能力」，使種族具備「多樣化」的能力，以因應不可知的未來，這一項是決勝負的關鍵。

一個種族除了要存活，還要能對抗其他種族的侵略或攻擊，才能取得生存繁衍上的優勢，所以種族內的個體最好配備許多不同的天賦能力，以備不時之需。例如遇到戰爭的時候，需要將軍和戰士的能力；而在商業時代，則需要企業家的能力。只要某個人的能力剛好可以開花結果，那麼整個族群都受益。

假設有一種能力叫做「大投資家巴菲特基因」，這個能力剛好讓美國人巴菲特徹底發揮出來，那麼他只要把所有的時間用在投資上，不但能夠年年打敗大盤，還能創造出前無古人、後無來者的投資成果！

這種基因讓族群產生優勢，因為其他美國人不會投資也沒關係，只要把錢投資在巴菲特身上，那麼他們也會有超高的報酬率。當大批的美國人賺錢了，整個美國就有本錢

累積更多的優勢，讓其他具備特殊能力的基因持續發展，例如藝術家、運動員、科學家……等。長久下來，整體族群的成就就能夠更加提升。

既然這是一種基因上的天生優勢，那麼進入「能力圈」的人，他的發展就會像《發現我的天才》這本書說的一樣：「得到長久且完美的表現、展現驚人的一致性、同時也是個人最大的成長空間！」

所以，一個人如果希望自己的人生能夠成功，重要的不是去模仿他人，而是要進入自己的能力圈；一個投資人如果希望投資能成功，重要的就是要**觀察所投資公司的經營者，是否進入他的能力圈之中，因為進入能力圈的經營者，才能打造護城河！**

我們要怎麼觀察老闆有無進入能力圈？可以依序運用《從 A 到 A ＋》（Good to Great）作者柯林斯（Jim Collins）提過的 3 個概念：「刺蝟原則」、「膽大包天的目標」和「SMaC 致勝配方」（Specific, Methodical and Consistent）來檢定。

「刺蝟原則」是《從 A 到 A ＋》這本書裡面提到的概念，指的是該公司對自己業務的深刻理解之後，所採取的經營策略。而刺蝟原則要符合 3 點：

1. 你們對哪些事業充滿熱情？
2. 你們在哪方面能達到世界頂尖水準？
3. 你們的經濟引擎主要靠什麼來驅動？

　　「膽大包天的目標」是柯林斯在另一本著作《基業長青》（Build to Last）這本書提出的概念，指的是公司設定了「明確具體、激勵人心、高度聚焦，而且一聽就能明白，不用多作解釋的目標」。在《從 A 到 A ＋》裡面，柯林斯特別補充：「膽大包天的目標，要符合刺蝟原則的核心。」

　　「SMaC 致勝配方」是在《十倍勝，絕不單靠運氣》（Great by Choice）書中提出的概念，指的是將刺蝟原則的核心精神轉換成一套「具體明確，條理分明而可被模仿複製、高度一致的成功方程式」，這個方程式可以持續數十年，並且應用在不同的環境下；僅需要藉由持續的實證來微幅的修改，無須大幅度的改變，持續的執行「SMaC

致勝配方」，有助於將公司整體的能量傳導合一，進而完成膽大包天的目標。

實戰範例》檢視巴菲特是否進入能力圈

現在我們就依序按照上述 3 個概念來解析，波克夏公司的經營者巴菲特，如何進入能力圈？

刺蝟原則》對股票有熱情，且能靠投資增加資產

「刺蝟原則」是能力圈的基礎，它的第 1 個重點就是「熱情」。巴菲特對股票的熱情是從 11 歲買了第 1 張股票就開始，且終生不減。他 21 歲的時候可以一直翻著《標準普爾手冊》（S&P Manuals）和《穆迪手冊》（Moody's Manuals），然後從中記下幾百檔股票的數據，還能憑記憶力談論這些公司的財報數字。這些工作不是消耗心力的勞動，而是能讓他得到成就，並且做到廢寢忘食的樂趣，這就是熱情帶來的動力。

第 2 個重點就是「頂尖」。觀察一個人是否具備頂尖的能力，關鍵在於旁人的讚嘆，如果有人處於一個頂尖的狀

態中，別人會忍不住讚嘆說：「他實在太厲害了。」甚至會因此放棄和他競爭的念頭。

很多見過巴菲特的人其實自己也想跟他學習，但是到最後他們往往會說：「你看巴菲特那麼神，乾脆把錢交給他算了。」這種讚嘆感就是頂尖的證明。

第 3 點是「經濟引擎主要靠什麼來驅動？」這更好判斷，因為巴菲特的資產透過投資不斷的增加。20 歲剛畢業的時候他手上只有 9,804 美元，26 歲從葛拉漢紐曼合夥事業公司（Graham-Newman Partnership）離職後，手上已經有 17 萬 4,000 美元，足足增加了 16 倍多。

膽大包天的目標》自許「做到跟葛拉漢一樣」

其次，來檢視膽大包天的目標。在西洋英雄故事之中，一位平凡人之所以會前往英雄之路，通常是某個契機引發了他，讓他受到某種感召，往著膽大包天的目標前進。

巴菲特很早就受到價值投資大師葛拉漢（Benjamin Graham）的著作啟發，而在葛拉漢紐曼合夥事業公司工作

的過程中，更進一步地讓他知道如何開啟自己的事業。

　　我想，他心目中膽大包天的目標非常簡單，就是「做到跟葛拉漢一樣」，所以巴菲特才會放棄當葛拉漢合夥事業公司的接班人，在 26 歲的時候決定返鄉創業。《雪球：巴菲特傳》（The Snowball:Warren Buffett and the Business of Life）就形容：「在 1950 年代，大學畢業在家中獨自工作，成為個體戶，是很不尋常的事」、「商場人士應該加入大公司，愈大愈好，在文明而冷酷的競爭中搶奪高薪職位。」何況葛拉漢可是指定他當接班人，他何必辛辛苦苦自己來？

　　但對巴菲特而言，白手起家才是能力的證明。他的合夥事業，仔細的模仿葛拉漢的運作細節，包含收費機制和寫年報的習慣；除了不揭露投資組合的內容之外，他做的事情幾乎和葛拉漢相同。

　　倘若你把時間倒帶回 1956 年，一位 26 歲的年輕人希望達到當世最頂級投資大師的成就，這可是一種膽大包天的目標啊！就跟所有懷抱夢想的年輕人一樣，他的行為很

多人不看好，甚至認為巴菲特會破產。

但重點不是別人怎麼看，而是你是否了解自己的能力圈？倘若一個遠大的目標，在你的能力圈之內，那麼不去完成這個目標才是一種人生的風險，因為你失去了追求卓越的機會。

不過膽大包天的目標通常難以檢視，尤其當老闆是個低調、謹言慎行的內斂型人物時更難察覺。但他們會用具體的行為來達成目標，也就是「SMaC 致勝配方」。

SMaC致勝配方》從收購好公司得到投資輕鬆感

巴菲特的 SMaC 致勝配方清楚無比，就是葛拉漢傳授給他的價值投資法。巴菲特在 1956 年到 1969 年的合夥事業時期，精準的運用這種「雪茄頭」投資法，得到了年化報酬率 29.5% 的營運成果。

當他資金變大的時候，他更進一步地模仿葛拉漢「控制型」投資法，這種方式是取得公司大量的股權，然後要求管理階層將資產活化提升，釋放出屬於股東的權益；現代

將這種做法稱為「股東行動主義」，但是巴菲特很快就感受到這個方法的侷限性。

股東行動主義無可避免地會和管理階層產生衝突，巴菲特是內斂型給予者，給予者在為他人付出的時候會強硬起來，但是始終不擅長衝突；尤其是雪茄頭公司的管理階層，往往是只顧自己利益的奪取者。

巴菲特願意為了合夥事業的股東權益，採取強硬的態度和奪取者周旋。但這些事會消耗他的熱情，讓他心情痛苦，在《雪球：巴菲特傳》裡面敘述了好幾個段落：

「他在和聖邦地圖公司（Sanborn Map）角力的時候，在火車上氣到必須看小孩的照片才能平復心情。」

「他改善近乎破產的登普斯特機械製造公司（Dempster Mill Manufacturing），但是全城鎮的人認為他是冷酷無情、害人失業的清算者。」

「他會收購波克夏（Berkshire Hathaway）是因為原本

的管理階層騙他，而他氣到用錢把波克夏買下來，把原有的管理階層趕出去，但實際上是買了一個爛攤子。」

這 3 個案例都是標準的雪茄頭投資法，讓巴菲特賺到了不差的報酬率，但是他可沒有因此跳踢踏舞去上班（巴菲特在經營波克夏期間，曾以「我是跳著踢踏舞步去上班的」，來形容自己樂於工作），控制型投資耗時又費力，還不保證成功。

時間和報酬率是複利的重大因子，如果把時間消耗在控制型投資法上很沒效率，如果因此虧錢更會影響複利，再加上消耗的心力，看不見的損失難以估計。

因此巴菲特開始修改他的 SMaC 致勝配方，但他不是大幅度的改變，而是從實證中體認。

在登普斯特機械製造公司的案例中，他找了一位叫做哈利・巴特（Harry Bottle）的人來當執行長，巴特表現優異，將原本只值 35 美元的登普斯特公司提升到價值 51 美元，這是巴菲特首次親身經歷優良管理階層的力量。

　　而在波克夏的案例中，雖然接替管理紡織廠的管理階層肯恩・蔡司（Ken Chace）是優越的經營者，但是紡織廠是糟糕的「慘業」，經營者再努力都難以回天。

　　巴菲特為此用波克夏收購了他人生中第 1 個優良管理的子公司，就是由傑克・林華德（Jack Ringwalt）所掌管的全國產物保險（National Indemnity）。

　　林華德是保險業中的翹楚，巴菲特買下公司讓林華德持續留任，維持著良好的管理。在這個時候，他體認到直接買下好公司的輕鬆感，此後他像個蒐集家一樣，不斷地買入各種好公司，投資組合從菸屁股變成了高檔的哈瓦那雪茄（哈瓦那為古巴首都，以生產頂級雪茄聞名）。

　　當巴菲特修改了 SMaC 致勝配方，並且確認這個方法很適合他之後，他就再也不修改了。但是他從未偏離價值投資的核心 3 要素：「買 1 張股票如同買 1 家公司、要有安全邊際、了解市場心理學」。更重要的是，他從此能夠「跳著踢踏舞去上班」，讓他的熱情持續燃燒，邁向頂尖之路，他不僅完成了膽大包天的目標，更是創下了舉世難以跨越

的驚人成就。

有時候我會想，如果巴菲特的師父不是葛拉漢而是費雪，那麼情況會是如何？他是否會更快地踏入質化分析的領域？也許是吧！但是巴菲特最終會在自己的思考體系，補足葛拉漢的理念，藉此強化自己的特質。就像一位擅長攻擊風格的西洋棋手，如果強迫他在某一陣子學習保守的防禦風格，雖然會令他難以發揮，但是他也能透過轉換風格來換位思考，理解防禦的要訣之後，進而能夠展開更凌厲的攻勢，反之亦然。

巴菲特天生就是個質化分析高手，但是量化派的葛拉漢更進一步的提升了他的能力，使其補足思考上的盲點，讓巴菲特的原有特質更加銳利。

專注能力圈的公司，營運項目簡單易懂

讀者看到這邊，可能會想到一個難題：觀察老闆是否進入能力圈，並且符合前述的原則要點，需要做大量的閱讀工作。但是如果你看了一堆資料卻發現老闆其實沒進入能

力圈，那麼這些事前的準備工作不是會浪費時間嗎？

我們可從一個思考點來切入：找簡單易懂的公司。當老闆進入能力圈之後，這家公司的營運項目會產生一個現象：**看起來很簡單易懂**。這很合理，因為專注能力圈的老闆會致力於本業，排除掉外務，讓營運項目看起來異常簡單，連一般人都能輕鬆的說出該公司主要的營運項目，例如：

◎台積電（2330）：晶圓代工。
◎大立光（3008）：手機鏡頭。
◎可成（2474）：機殼。
◎豐泰（9910）：Nike 運動鞋代工。
◎精華（1565）：隱形眼鏡。
◎統一超（2912）、全家（5903）：便利商店。

上述這些公司的營運項目都相當簡單易懂，但不代表產品經久不變，只代表核心理念不變。例如數十年前的便利商店，賣的是麵包和思樂冰，現在的便利商店可領取網路購物商品、買高鐵票和繳水電費；營業項目雖隨著時代產生變化，但核心理念始終是「讓使用者生活便利」。

台積電的營業項目是晶圓代工，20、30 年前的製程技術和產品規格，肯定跟現在有很大的不同，但是仍然具備簡單易懂的模式，台積電仍然固守能力圈。同樣的道理，大立光做光學鏡頭、精華做隱形眼鏡、可成製造機殼，豐泰製造運動鞋……這些公司的營運項目都簡單易懂，它們始終待在能力圈內，又能隨著時代進步而更新技術能力，成為該產業的佼佼者。

　　簡單易懂，不代表公司容易經營，如果太過簡單，競爭對手可是非常容易進來搶飯碗。進入能力圈的老闆之所以能阻擋競爭對手，是因為他具備 2 個能力圈優勢：

　　1. 能夠觀察出客戶潛在的需求，進而開發出滿足需求的產品。
　　2. 能夠觀察出市場可能產生的潛在變化，包含整體景氣的循環，進而做好準備。

　　這兩個能力都有助於打造護城河，前者能提升公司的獲利，透過技術領先達成定價力。後者能讓老闆做好資本配置，以看透景氣循環的方式配置資本，強化競爭優勢，這

兩點我們會在接下來的護城河專章再做說明。

當A＋公司跨出能力圈，終會步上衰退一途

最後我們要談一個「無所不能的迷思。」很多人認為，真正有智慧和能力的人往往是無所不能，任何領域都能切入，任何招式都能運用。但是真正表現卓越的人，往往不是無所不能的人，而是專長明顯、特質鮮明的人。

無所不能的概念真的很具備吸引力，尤其是當一家公司成功之後，更會對自己充滿自信。舉例來說，台大教授劉順仁在《財報就像一本兵法書》裡面提到：韓國三星電子與全球處方藥銷售額排名第 2 大的製藥巨頭諾華藥廠洽談合作時，三星團隊雖然對製藥產業知道的不多，但是讓諾華藥廠的人感覺他們自信滿到有些傲慢，三星團隊說：「給我們 10 年，三星沒有什麼是做不到的。」

這種霸氣聽起來似乎很有氣魄，但是這絕對是不清楚能力圈邊界的表現。如果跨出能力圈，後果會如何呢？柯林斯在另一本著作《為什麼 A ＋巨人也會倒下》（How The

盲目投入不擅長領域，衰敗將隨之而來
──A＋公司衰敗的5個階段

第1階段	**成功之後的傲慢自負** →一家成功的企業，如果開始變得傲慢，忘記當初成功的原因，即可能開始走向衰敗
第2階段	**不知節制，不斷追求更多、更快、更大** →為了希望獲得更大的規模、聲譽，盲目進入不擅長的領域
第3階段	**輕忽風險，罔顧危險** →已經出現負面警訊，但是被領導人輕忽；公司開始承擔過高風險，且拒絕正視冒險的後果
第4階段	**病急亂投醫** →公司營運一落千丈，如果不重拾紀律，就會變得病急亂投醫，例如貿然轉型、寄望某項新產品、收購等無法根治問題的決策
第5階段	**放棄掙扎，變得無足輕重或走向敗亡** →累積已久的失敗決策，終究使公司走向衰敗的結局

資料來源：《為什麼Ａ＋巨人也會倒下》

Mighty Fall：And Why Some Companies Never Give In）裡，提到Ａ＋公司衰敗的5個階段（詳見表1），其中**第2階段：「不知節制，不斷追求更多、更快、更大。」**意指即使是Ａ＋公司，輕易跨出能力圈後也會衰敗，因為它們玩的是自己不擅長的遊戲，如同巴菲特說過的：「如

何打敗西洋棋王？和他玩西洋棋以外的遊戲。」

　　當你發現一家公司開始走出能力圈的時候，若這家公司是規模相對大的公司，你可以先逐步的出脫持股，因為大公司要大規模的改變，通常速度不會太快；如果是相對規模小的公司，那麼就要快快地賣出股票，避免股價暴跌。

　　能力圈這個章節是質化分析中較難應用的部分，如果你想要盡快的學會運用本章節的概念，建議的流程是：

　　1. 先找出營運項目簡單易懂的公司。
　　2. 蒐集各種資訊，檢查老闆是否進入能力圈。
　　3. 觀察老闆是否走出能力圈。

　　這 3 個步驟能夠提高你研究的速度，讓時間更有效率。也許讀者會想，我們為什麼要花這樣多的時間去看老闆有沒有進入能力圈？原因很簡單，因為本書對能力圈的關鍵解釋就是：「進入能力圈才能打造護城河。」這也是我們下個章節要討論的重點。

Chapter 3

精準出擊
篩出具護城河優勢標的

堅實護城河 必備3要素

菲利普‧費雪（Philip Fisher）在 1958 年出版的《非常潛力股》（Common Stocks and Uncommon Profits and Other Writings）書中，寫下了費雪 15 要點的第 11 點：「就所屬的產業特性而言，這家公司是否有哪些層面，讓投資人看到它在眾多競爭者之中的突出之處？」如果你覺得這句話不好懂，沒關係，費雪自己本人也說：「就定義而言，這個問題有點籠統，讓人不是很好理解。」

具相同優勢下，護城河成決勝關鍵

時間快轉到 1995 年的波克夏（Berkshire Hathaway）股東會上，巴菲特（Warren Buffett）用一個更簡單的概念，詮釋了費雪的想法：「這家公司有沒有護城河？」我們在

上一篇文章（詳見 2-7）談了能力圈的概念，能力圈就是你能表現得比其他人好的領域；進入能力圈的老闆，具備2個特殊優勢，這些優勢只有在能力圈的人才看得出來：

1. 能觀察出客戶的潛在需求，而開發出滿足需求的產品。
2. 能觀察出市場可能產生的潛在變化，包含整體景氣的循環，進而做好準備。

這兩個要素能幫助你打敗大多數的競爭對手，讓你能取得先機。但是要知道，天底下不會只有一個人進入能力圈，你的競爭對手也很有可能和你在相同的能力圈內。當兩人具備相同的優勢時，勝負就變得難以分曉，於是「護城河」就成了決勝負的關鍵。

可持久的競爭優勢，即為「護城河」

護城河的核心定義就是：「可持久的競爭優勢」。有護城河的公司，能夠保護公司的利潤，避免競爭對手削價競爭，或者避免被對手奪走市占率。當一家公司能將護城河層層的加深、在日常中不斷的累積優勢，到最後，即使競

圖1 「強大的財務實力」為護城河重要地基
——護城河3要素

持久的競
爭優勢

優秀的資本配置

強大的財務實力

爭對手和你在相同的能力圈內、知道你成功的祕訣,卻始
終無法迎頭趕上,所以最後能夠選擇的路,就只剩下放棄
攻擊你。

　護城河能建構堅實的防禦,但是一家公司打造護城河並
不容易,除了進入能力圈這個前提之外,還需要 3 個要素
(詳見圖 1):

174

1. **地基**：強大的財務實力。
2. **建置過程**：優秀的資本配置。
3. **成果**：持久的競爭優勢。

透過這 3 個要素，公司的護城河就能像金字塔一樣穩固，只要你發現一家公司擁有這 3 個要素，你就可以判定它擁有護城河！

地基1》執行能力圈優勢賺進巨大且可靠的獲利

3-2

擁有護城河的公司等同現金製造機,能源源不絕的產生現金,所以它的財報會顯示出強大的財務實力,這也是構成護城河的地基。什麼叫做「強大的財務實力」?巴菲特(Warren Buffett)在 2015 年波克夏(Berkshire Hathaway)年報致股東信中提到:一家公司要有強勁的財務持久力,必須在所有情況下保持以下 3 項實力:

1. 巨大且可靠的獲利來源。
2. 大量的流動資產。
3. 不會忽然需要大量現金。

而本篇文章先跟大家說明什麼是「巨大且可靠的獲利來源」。

透過費雪要點＋質化分析，解讀營運資料

當一家公司能把它的能力圈優勢，轉換成具體可行的執行步驟（SMaC 致勝配方），就能得到巨大且可靠的獲利。但我們怎麼知道這家公司有做到呢？這時候「費雪 15 要點」就派上用場了，我們先來看要點 1 到要點 6：

要點 1》公司目前的產品或服務，是否能讓未來幾年的營收大幅增加？

要點 2》管理階層是否有決心開發未來能持續讓營收成長的產品？

要點 3》公司的研發成果如何？

要點 4》公司是否有高於平均水準的銷售團隊？

要點 5》公司有沒有高利潤率？

要點 6》公司以哪些行動維持或改善利潤率？

熟悉基本面分析的朋友會發現，這 6 要點就是綜合損益表的分析重點；我們還要搭配質化分析資訊，一併解讀營運資料。在過去資訊較難取得的時代，費雪（Philip Fisher）必須建立人脈、和他們交流討論才能取得資訊，這

個方式他稱之為「閒聊法」。現在這個資訊充沛的時代，我們只要善用網路和雜誌資訊，即可獲得企業主的訪談資料，比起費雪，我們幸運得多。

但從網路和雜誌訪談取得的資料仍需要透過有效的分析，才能轉化為有用的資訊。

實戰範例》台積電（2330）

我們以晶圓代工龍頭台積電（2330）為例，搭配近年可從網路上搜尋到的台積電相關報導，以及《天下雜誌》於2018年6月出版的〈連續30年的紀錄，張忠謀怎麼贏？〉第92頁的訪問紀錄〈一路走來，台積電怎麼贏？〉進行分析。

要點1》公司目前的產品或服務，是否能讓未來幾年的營收大幅增加？

→觀察：全球對半導體需求有增無減

我們先來了解營收，「營收＝平均銷售價格（Average Selling Price，ASP）× 銷售數量」。符合費雪要點1的公司，必須待在一個產品有持續性需求的產業，才有營收成

長的可能性。

台積電這種科技股，是否有持續性的需求呢？有很多投資人受到巴菲特過去不買科技股的觀念所影響，所以會認為科技股就不是價值投資的領域。但事實上，巴菲特與蒙格（Charlie Munger）執掌的波克夏公司，於 2011 年開始買入 IBM 股票，而後虧損出場，2017 年又買進蘋果公司股票，有興趣者可自行研究他們對於投資這兩檔科技股的看法。

但是費雪可不這樣想，他在 1955 年就買入美國的德州儀器公司（Texas Instruments），並且長期持有；2 年後，28 歲的張忠謀加入了德州儀器公司，此後該公司一路成長。

費雪的想法很簡單，他知道未來人類的生活型態已經改變，半導體產品將無所不在，這種無所不在，就是持續性需求的概念。他的眼光也確實精準，多數人的生活，已經愈來愈依賴電腦和智慧型手機，若未來人工智慧（AI）和物聯網技術開始蓬勃發展，對於半導體的需求只會增加不

會減少。

根據國際半導體產業協會（SEMI）的數據，2000 年時全球半導體產業的產值為 2,000 億美元，2013 年達到 3,000 億美元，2017 年已快速成長到 4,000 億美元，預估 2019 年將達到 5,000 億美元，成長速度愈來愈快。而台積電的晶圓代工市占率已經連續數年位居全球第 1，在持續成長的半導體產業當中位居要角，當然符合費雪要點 1 的條件。

要點 2》管理階層是否有決心開發未來能持續讓營收成長的產品？
→觀察：提高研發經費和資本支出，創造滿足未來需求產能
同樣都是談營收的持續性，不過，費雪要點 1 談的是現在，要點 2 談的是未來。

每一種產品的銷售力道最終都可能耗盡，或者因為新的競爭對手推出功能相同、但價格更便宜的產品，導致營收受到侵蝕。為了讓將來的營收持續成長，公司經營階層勢必要運用能力圈內的優勢，徹底觀察出客戶可能的潛在需

求，並且研發出滿足需求的產品。但只投入產品研發還不夠，還要創造出能滿足未來需求的產能，才能進一步貢獻營收和獲利。基於這兩點，我們要觀察研發經費的支出，以及廠房設備的資本支出。

眾所周知，2008 年美國發生金融海嘯，台灣也沒有倖免，企業裁員，景氣低迷，消費不振。當年 11 月，台積電宣布放無薪假，緊接而來的是裁員風暴。原本已經在 2005 年交棒的張忠謀，在 2009 年 6 月回鍋，重新任職執行長，帶領台積電開創新一波營運高峰。

張忠謀回鍋後第 1 件大事，就是大舉調高資本支出。2009 年台積電的資本支出金額約為 878 億元，張忠謀將 2010 年資本支出大幅調高到 1 倍以上，當年的資本支出達到 1,869 億元（詳見圖 1），台積電也大幅提高研發費用，2008 ～ 2009 年原本都在 215 億元上下，2010 年提高了近 38%，來到 297 億元（詳見表 1）。

2009 年時，金融海嘯的衝擊仍未完全結束，市場上都在擔憂 2 次衰退，深怕產能閒置、產品賣不出去，正常公

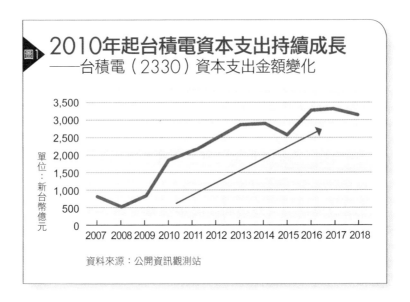

圖 **2010年起台積電資本支出持續成長**
──台積電（2330）資本支出金額變化

資料來源：公開資訊觀測站

司怎麼可能還要增加資本支出？但張忠謀力排眾議，告訴其他董事：「要考慮我是公司負責人，你要跟隨我。」

　　固執己見和展示決心兩者很像，卻有完全不同的差別。固執己見是堅持自己要做的事，卻不把他人對危險的意見聽進去；展示決心則是看到對公司有利的機會，並且願意冒一定程度的風險。張忠謀為什麼會看見對公司有利的未來？因為他在能力圈內；為什麼其他董事擔憂衰退？因為

表1

台積電2010年資本支出增加1倍以上
——台積電（2330）研發費用與資本支出額度

年度	研發費用（千元）	研發費用年成長率（%）	資本支出（千元）	資本支出年成長率（%）
2008	21,480,937	19.70	59,222,654	-29.50
2009	21,593,398	0.50	87,784,906	48.20
2010	29,706,662	37.60	**186,944,203**	**113.00**
2011	33,829,880	13.90	213,962,521	14.50
2012	40,402,138	19.40	246,137,361	15.00
2013	48,118,165	19.10	287,594,773	16.80
2014	56,823,732	18.10	288,540,028	0.30
2015	65,544,579	15.30	257,516,835	-10.80
2016	71,207,703	8.60	328,045,270	26.80
2017	80,732,463	13.40	330,588,188	0.78
2018	85,895,569	6.40	315,581,881	-4.50

資料來源：公開資訊觀測站

董事們在能力圈外。

　　我們要再次強調，這就是專注能力圈所擁有的獨特優勢，只要領導者持續在能力圈內，他就能更早看到未來的產品需求和競爭態勢，進而做出領先一步的決策。單單看到未

來的趨勢還不夠，還要搭配強大的執行力，才能成功開發新產品。而台積電的研發支出成果如何？我們要用費雪要點 3 來檢查。

要點 3》公司的研發成果如何？
→觀察：好的研發能力＋銷售能力，締造穩定高 ASP

〈連續 30 年的紀錄，張忠謀怎麼贏？〉當中提到，張忠謀最看重的數字是「平均銷售價格」。這個數字是台積電競爭力的重要指標，因為這代表公司的議價能力，只要產品符合客戶需求和服務，就能拉高 ASP。

請注意，這邊談的符合客戶需求是指「透過能力圈的優勢，找出潛在客戶的需求，並且開發出滿足需求的產品。」由於動作比競爭對手快又正確，市面上並沒有其他人能提供這類產品，所以才能維持 ASP。

報導當中展示了一張台積電 ASP 的圖表，顯示台積電 12 吋晶圓的 ASP 從 2007 年開始下滑，但是在張忠謀回任 1 年半後開始上升，也就是從 2011 年到 2015 年，產品報價持續上揚。我們也可以看到該報導對於台積電定價

力的敍述:「台積電 28 奈米製程之後,定價變硬了,不但新品漲價幅度高,舊品跌價的速度也慢。」

　　這種定價變硬的情況,就是巴菲特說的「定價力」,巴菲特對此的定義是「維持產品售價的能力」,即使客戶端需求不振,產能利用率不佳,公司仍舊能維持產品售價。

　　一般來說,大多數公司為了保護商業機密,不會仔細地揭露各產品的 ASP 數字(這是正確的行為),那麼投資人該怎麼取得相關數據呢?有兩個方法:

　　第 1,通常一家獲得法人青睞的公司,會有外資券商或是國內投信,不定期對公司進行訪談,進而撰寫研究報告供客戶參考;財經媒體在發表產業或個股新聞時,通常會引用這些報告的內容,我們可以透過每天閱讀新聞或網路搜尋查閱相關報導,或許可從中找到線索。

　　第 2,如果真的找不到 ASP 資料,也可以用「毛利率」來觀察。例如從台積電近 10 年的毛利率走勢,也可以觀察到 2011 ～ 2017 年毛利率都在 45% 以上,且呈現上

揚走勢（詳見圖 2）。

　台積電能維持高 ASP 的原因，除了研發能力之外，銷售能力也功不可沒。接下來的費雪要點 4，談的就是公司的銷售能力。

要點 4》公司是否有高於平均水準的銷售團隊？
→觀察：創造逾 50% 市占率，即可反映銷售成果

　費雪認為傑出的生產、銷售和研發，是企業成功的 3 大基石；如果有很好的產品，但是不擅長行銷，那麼這家公司也很難創造理想的銷售成績。一家成功的公司，不僅要能生產供給客戶好的產品，也要有強大的銷售團隊，讓客戶感到滿意，才能創造持續、持久的營收。

　投資人要怎麼判斷一家公司是否擁有理想的銷售能力？費雪仍然建議採用「閒聊法」，例如訪談該公司的競爭對手、客戶、員工，了解他們的評價、滿意度；打聽公司是否重視銷售業務的人力訓練。如果不認識這些相關人員，「閒聊法」大概就派不上用場，但我們還是可以善用相關的訪談報導，找出蛛絲馬跡。

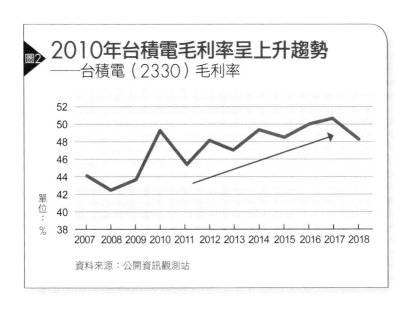

圖2 2010年台積電毛利率呈上升趨勢
——台積電（2330）毛利率

單位：%

資料來源：公開資訊觀測站

　　銷售團隊肩負著「找新客戶」和「產品報價」這兩大任務；〈連續30年的紀錄，張忠謀怎麼贏？〉則對台積電的銷售團隊有這樣的介紹：「台積電企業規畫組織副總經理孫中平率領台積電的銷售團隊，負責產品定價等規畫；當遇到關鍵大單的時候，該團隊會以數字模型模擬漲價和降價對市占率的影響，然後交給執行長做決策。」

　　當然，大客戶都會希望有折扣，而公司自身都希望能漲

187

價,因此當遇到衝突的時候,就要看最高負責人當下的取捨是否正確,只要是正確的決策,最終就能展示成果。

　　銷售團隊的努力成果會反映在市占率上,2014 年起在全球晶圓代工市場的市占率都超過 50%(詳見圖 3),2016 ～ 2018 年上半年,皆維持在 56%;若以 2018 年上半年而言,28 奈米製程的市占率更高達 80%,表現相當優越。

要點 5》公司有沒有高利潤率?
→觀察:財報上的 3 大利潤比率遠高於同業
　　利潤率指的是「營收當中,獲利占了多少」,費雪認為,能創造高利潤率、且可以維持數年的公司,是值得投資人關注的標的。這樣的公司,通常在同業當中規模較大,且營運歷史較久,因為它們比起低利潤率的公司,更有能力抵禦景氣不佳帶來的衝擊。

　　高利潤率代表公司有足夠的獲利空間,讓公司能撥出充足的經費,投入原有產品的優化、新產品的開發、擴增產能、延攬優秀人才、推動行銷活動等。當然,公司投入這

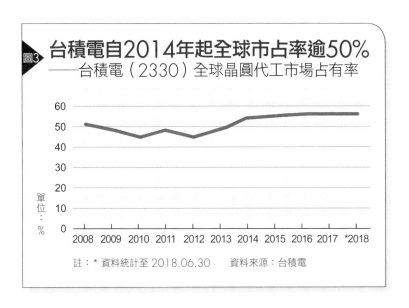

圖3 ▶ 台積電自2014年起全球市占率逾50%
——台積電（2330）全球晶圓代工市場占有率

單位：％

註：＊資料統計至 2018.06.30　　資料來源：台積電

些經費後，不見得能直接促成實質的獲利，例如產品或技術的研發，可能會失敗；行銷策略失當，可能會導致更差的銷售結果，不管是不是好公司，都可能會面臨一定程度的失敗。

　　但這時候，如果擁有高利潤率，就能帶來緩衝效果，因為公司即使面臨部分的損失，仍有充裕的獲利作為保護。可見，高利潤率的公司能承受營運過程中的失敗風險，低

利潤率的公司卻難以承受;隨著時間過去,就能強者恆強。

　怎樣的利潤率叫做高?各產業的狀況不同,不過只要高過同業 2 ～ 3 個百分點就算不錯了。台積電和同業聯電(2303)相比,是差距很明顯的例子,近 10 年來,台積電的毛利率幾乎都是聯電的 2 倍以上;而台積電的營業利益率都有 30% 以上,聯電除了 2010 年達到 17%,其他年份都是個位數(詳見表 2)。

　如果只看台積電的利潤率走勢,可發現是呈現上揚的趨勢,毛利率從 2008 年的 42% 提高到 2018 年的 48%;營業利益率從 31% 提升到 37% 左右,稅後淨利率也從 2008 年將近 30% 提高到 34%,這些都是台積電累積了好幾層的競爭優勢,所得到的結果。

要點 6》公司以哪些行動維持或改善利潤率?
→觀察:在已具規模、技術優勢下,仍不斷精進製程
　如果確定了這家公司能在過去數年維持高利潤率,投資人要做的,就是觀察公司是否有持續努力,讓未來也能繼續維持高利潤率。

表2 **台積電3大利潤比率表現皆比聯電強勢**

——台積電（2330）3大利潤比率

年度	營業毛利率（％）	營業利益率（％）	稅後淨利率（％）
2008	42.54	31.34	29.99
2009	43.73	31.10	30.17
2010	49.35	37.94	38.52
2011	45.46	33.15	31.42
2012	48.12	35.76	32.82
2013	47.06	35.08	31.49
2014	49.52	38.79	34.58
2015	48.65	37.94	36.34
2016	50.09	39.87	35.11
2017	50.62	39.45	35.27
2018	48.28	37.19	34.04

——聯電（2303）3大利潤比率

年度	營業毛利率（％）	營業利益率（％）	稅後淨利率（％）
2008	16.17	0.90	-23.05
2009	16.85	2.02	4.23
2010	29.16	17.41	18.90
2011	18.24	4.44	9.09
2012	16.78	3.03	6.76
2013	19.03	3.26	10.20
2014	22.75	7.20	8.67
2015	21.93	7.48	9.29
2016	20.54	4.19	5.62
2017	18.12	4.40	6.45
2018	15.10	3.83	4.68

資料來源：公開資訊觀測站

〈連續 30 年的紀錄，張忠謀怎麼贏？〉報導中提到，台積電儘管處在技術領先的優勢地位，當時的董事長張忠謀仍要求高階主管不要鬆懈，例如台積電在 2011 年率先推出 28 奈米製程技術，大獲成功後，仍針對手機晶片的主流製程，年年推出改版，使競爭對手難以追上。

若投資人有持續追蹤相關報導，不難知道台積電自 28 奈米製程之後的 16 奈米、7 奈米製程，都維持領先優勢，逼得對手疲於奔命、宣告放棄。例如聯電已於 2017 年宣布不再追趕台積電的先進製程，不再進行 12 奈米以下製程的開發。

台積電在 2017 年領先其餘對手，推出 7 奈米製程技術，緊接著，全球晶圓代工市占率第 2 大的美國大廠格羅方德（Globalfoundries），也在 2018 年宣布無限期擱置 7 奈米製程研發。這下子，檯面上的 2 大對手，只剩下美商英特爾（Intel）、韓商三星（Samsung），不過它們的研發及量產進度，都遠遠落後台積電。

根據德意志證券在 2018 年發布的「亞洲晶圓產業報

告」，台積電的 7 奈米製程在 2018 年市占率為 100%
（2018 年上市的 iPhone XS、iPhone XR，即是使用台積
電的 7 奈米製程的 A12 晶片），德意志證券也預估，台積
電規畫於 2020 年量產的 5 奈米製程，也將在量產首年搶
得 100% 市占率。

可見，英特爾、三星若遲遲無法趕上台積電的腳步，那
麼台積電將持續穩坐全球晶圓代工霸主的寶座。

為什麼競爭對手無法複製台積電的策略？答案在於台積
電的規模優勢。台積電有夠多的客戶，也有足夠的規模可
供練兵，這種學習曲線能讓一家公司的經驗值超越他人；
當對手沒有相關的資源時，就算知道你成功的祕密也無法
複製。

值得一提的是，台積電早在 2015 年底就曾以規模優勢，
將對手殺個措手不及。當年格羅方德開始以 28 奈米製程，
搶占台積電的市場，結果台積電使出殺價攻勢，成功將地
盤搶回，至 2016 年初，格羅方德的產能利用率已不到 3
成。

讀者可能會想，殺價競爭不是會失去定價力嗎？請注意，如果是產能閒置下的殺價競爭確實是如此，但如果是將對手逼出場的殺價策略則不同，這種策略能打下市占率，使得規模優勢進一步強化。更何況舊產品的降價策略，並不會影響新產品的定價；只要整體產品組合的利潤比率夠高，短期靈活的策略可作為良好的戰術，最終提升公司的內在價值。而能夠成功提高利潤率的公司，往往已經具備增強公司未來競爭力的能力，這也是價值投資者最理想的投資標的。

　　我們花了許多篇幅來討論「費雪 6 要點」應用於台積電的分析，主要是希望能讓讀者透過這樣的練習來打下基礎。

　　巴菲特在 2004 年波克夏股東會說過：「我們必須花大量的時間來研究公司，打造頭腦中的資料庫，以及對商業世界的理解。」研究知名且成功的公司，是打造頭腦資料庫最快速的方式。

地基2》具大量流動資產 建構營運安全邊際

3-3

強大財務實力的第 2 個重點在於「流動資產」，需觀察的項目包含是否擁有充足現金，而存貨和應收帳款是否控制得宜。

首先，在現金部分，巴菲特（Warren Buffett）說過：「現金就像氧氣一樣，存在的時候沒人注意它，缺乏的時候人人都只會想到它。」但是一般財務教科書會告訴你：「公司帳面上的現金過多，代表公司沒有有效運用現金，這樣會降低資本運用的效率，也會拖累營運績效，例如資產報酬率（ROA）的數字。」

聽起來很有道理？但是我發現符合我條件的優秀公司，在資產負債表上都會有超過同產業競爭公司的現金比重。

好公司會儲備大量現金，降低不景氣衝擊

　　以台積電（2330）為例，台積電自 2013 年以來，當年的帳上現金都超過當年度的稅後淨利。2018 年台積電稅後淨利約 3,511 億元，當年度資產負債表上的現金資產約 5,778 億元，等於帳上保留了約 1.6 個年度的獲利（詳見表 1），現金占總資產的比重（以下簡稱「現金比重」）則為 27.6%。

　　除了台積電之外，大立光（3008）、可成（2474）、川湖（2059）這些公司的現金比重也非常高。這些公司的行為很像柯林斯（Jim Collins）在《十倍勝，絕不單靠運氣》（Great by Choice）裡面說的：勝過競爭對手 10 倍的公司，老闆都異常謹慎，所以通常會儲備大量的現金，以備不時之需。

　　為什麼這些老闆的行為和教科書上寫的不一樣？因為財務教科書的假設往往太過理想化，沒考慮到商場的詭譎多變。有經營經驗的老闆會知道：營運困境總是突然發生，競爭對手往往殺價激烈，產品需求可能會突然消失，再強

表1 **台積電持有現金多超過當年淨利1倍**
──台積電（2330）2013~2018年現金部位狀況

項目	2013年	2014年	2015年	2016年	2017年	2018年
稅後淨利（億元）	1,881	2,639	3,066	3,342	3,431	3,511
現金（億元）	2,427	3,584	5,627	5,413	5,534	5,778
總資產（億元）	12,631	14,951	16,575	18,865	19,919	20,901
現金比重（％）	19.2	24.0	34.0	28.7	27.8	27.6
現金淨利比（倍）	1.3	1.4	1.8	1.6	1.6	1.6

註：1.「現金」為合併資產負債表「現金與約當現金」科目；2.「現金比重」為「現金／總資產×100%」，「現金淨利比」為「現金／稅後淨利」，皆四捨五入至小數點後第1位
資料來源：公開資訊觀測站

大的公司都可能遇上厄運。

　　甚至這些老闆可能在公司規模還小的時候就吃過虧，從此記取教訓，增加手上的現金部位。舉例來說：川湖是一家製造滑軌的公司，根據《財訊》雜誌報導，該公司在1998年遇到競爭對手殺價競爭，因此遇到抽單危機，不

但營收掉一半，員工紛紛離職，公司甚至曾有到郵局領不到錢的困境。

有鑑於此，川湖強化產品開發、申請大量專利，衝高公司獲利（符合護城河地基的第 1 項財務實力：「巨大且可靠的獲利來源」）。同時，川湖深深明白自己是小公司，無論是外在景氣變化的衝擊、匯率的升值和貶值，還有客戶出貨遞延……等因素，皆會深深影響公司的營運，因此它提高公司的現金比重，以對抗不景氣的衝擊。

我們可以看到表 2 是川湖近 6 年來的現金狀況，現金比重每年都在 60% 以上。2018 年公司總資產 112 億元，現金部位 80 億 4,200 萬元，占比高達 71.8%，且零負債，展示了川湖保守且強大的防禦能力。有經驗的內斂型老闆，都會把公司的現金比重提高，他們異常的謹慎，並且採取建設性的防禦，把現金當成公司營運上的安全邊際。

當我在看商業雜誌的報導時，會特別觀察有沒有描述老闆對現金的看法。例如香港富豪李嘉誠接受訪談時說過，他最重視「現金流」和「負債比」，同時他手上能在 1

表2 川湖近年資產,超過6成是現金
——川湖(2059)2013~2018年現金部位狀況

項目	2013年	2014年	2015年	2016年	2017年	2018年
稅後淨利 (億元)	13.96	18.09	19.23	15.72	9.09	17.76
現金(億元)	43.61	53.97	63.44	69.25	68.24	80.42
總資產 (億元)	72.04	84.14	92.41	99.19	98.86	112.07
現金比重 (%)	**60.5**	**64.1**	**68.7**	**69.8**	**69.0**	**71.8**
現金淨利比 (倍)	3.1	3.0	3.30	4.4	7.5	4.5

註:1.「現金」為合併資產負債表「現金與約當現金」科目;2.「現金比重」為「現金/總資產×100%」,「現金淨利比」為「現金/稅後淨利」,皆四捨五入至小數點後第1位
資料來源:公開資訊觀測站

週內變現的資產不少於 1/3,這就是他的公司長江實業(1113.HK)能夠常勝不敗的祕訣之一。

除了現金之外,一家公司的流動資產是否控制得宜,也反映在「存貨」和「應收帳款」的管理,關鍵指標是平均售貨日數(又稱「存貨周轉天數」)和平均收現日數(又稱「應收帳款天數」)。

平均售貨日數可反映公司營運好壞

什麼是「平均售貨日數」？簡單說，就是公司賣出存貨的平均天數，代表的是存貨銷售能力。因此從日數的變化，可以了解公司營運的好壞，如果平均售貨日數愈來愈高，就是賣出商品庫存的速度變慢了，可以把它當成營運可能轉壞的指標；如果是大幅度飆高，那就是相當明顯的營運警訊了。

實戰範例1》必翔（已下市）

舉例來說，電動車公司必翔（已下市）在 10 多年前是好公司，觀察它的獲利能力矩陣等級，在 2002 年到 2006 年都是 A 和 A ＋等級，ROE（股東權益報酬率）年年都超過 15%（詳見表 3）。但到了 2007 年時，平均售貨日數是 97 天，2008 年飆高到 248 天，之後一路惡化，2014 年竟然飆高到 618 天，也就是說公司存貨平均要花費 1 年半以上才能賣出，非常不理想（詳見圖 1）。

果不其然，必翔的獲利表現愈來愈差，2002 ～ 2006 年原本 EPS（每股盈餘）都有 3 ～ 5 元，到了 2010 年卻

表3 必翔在2006年以前獲利能力佳
——必翔（已下市）獲利能力矩陣

項目	2002年	2003年	2004年	2005年	2006年
ROE（%）	33.45	33.08	21.44	19.54	20.39
每股自由現金流入（元）	-1.45	5.58	4.41	3.54	1.50
獲利矩陣等級	A+	A+	A+	A	A+

註：根據獲利能力矩陣的定義，ROE 大於等於 15% 以上且自由現金流為正，則為「A」
級；ROE 大於 20%，無論當年自由現金流是正或負，皆視為 A ＋等級
資料來源：公開資訊觀測站

圖1 必翔平均售貨日數自2008年開始飆高
——必翔（已下市）平均售貨日數變化

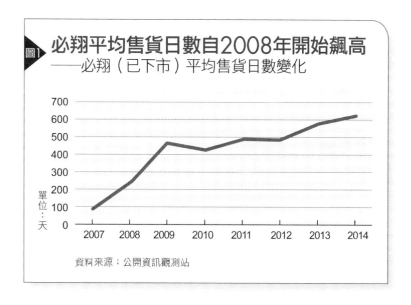

資料來源：公開資訊觀測站

表4 **全國電子獲利能力連續多年維持A級**

項目	2008年	2009年	2010年	2011年
ROE（%）	18.86	17.70	20.37	21.03
每股自由現金流入（元）	1.74	5.33	4.27	4.69
獲利能力矩陣	A	A	A+	A+

註：根據獲利能力矩陣的定義，ROE 大於等於 15% 以上且自由現金流為正，則為
　　「A」級；ROE 大於 20%，無論當年自由現金流是正或負，皆視為 A ＋等級；
　　ROE≥15% 且自由現金流為負，則為「B1」

連 0.1 元都不到，自 2012 年開始則長年陷入虧損，獲利能力矩陣等級惡化為 D 級（ROE 為負值或 0），遲遲無法翻身，於 2017 年黯然下市。

實戰範例2》全國電（6281）

再看另一個例子。全國電（6281）是一家從 2003 年開始，就一直維持獲利能力矩陣等級 A 級的公司，在金融海嘯發生的 2008 年也仍保持 A 級的水準（詳見表 4）。

全國電創辦人林琦敏在 1975 年在台北市開設第一家門

——全國電（6281）獲利能力矩陣等級

2012年	2013年	2014年	2015年	2016年	2017年	2018年
23.87	18.69	19.43	19.27	21.32	19.06	16.95
3.46	1.02	3.12	8.54	2.92	1.54	-0.56
A+	A	A	A	A+	A	B1

資料來源：公開資訊觀測站

市，而後創全台之先，成立電子產品連鎖店；1986 年正
式成立公司，逐步擴大販售據點。從 2005 年上市以來，
直到 2017 年，全國電全年獲利大多維持在 4 億～ 5 億元
區間，且處在長線成長的趨勢。比較明顯的兩度衰退，除
了 2008 ～ 2009 年受到金融海嘯的衝擊外，2013 年則
出現了超過 20% 的年衰退，不過接下來又開始重返獲利成
長軌道。

全國電子是 3C 通路商，以家用電器為主要營收來源，
原本就有燦坤（2430）、順發、家樂福等競爭對手環伺，

近年來電子商務平台的興起，使得競爭加劇，全國電單靠實體通路，卻能維持長期穩健的業績，其良好的營運效率是一大關鍵。

　要觀察全國電這種通路商的營運效率表現，「平均售貨日數」是最重要的財務指標；從 2008 年到 2014 年，平均售貨日數有逐年升高的趨勢，從 55 天左右，升高到 2014 年的 75 天（詳見圖 2）。不過，2015 年之後平均售貨日數開始降低，2018 年已下降到不到 60 天，顯示存貨管理能力及銷售能力優良，營運效率明顯改善。

　全國電的主要客層是在中高齡客戶，為了擴大客群，2016 年接任總經理的經營層第 2 代林政勳，推出「雙品牌策略」，2017 年 5 月推出新通路品牌「Digital City」，主打大坪數、開放式的商場空間，提供更多樣的數位科技商品，吸引年輕顧客上門消費；接下來打算逐步擴增據點，作為未來營收成長的動能。

　同時，全國電也邁向數位轉型之路，2018 年所導入的企業資源規畫系統正式上線，一方面幫助內部資源整合、

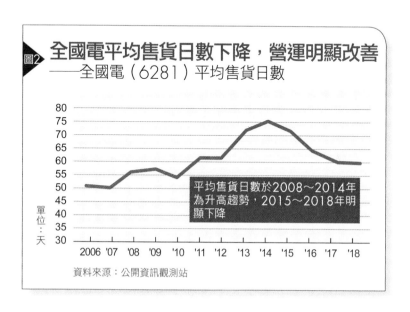

圖2　全國電平均售貨日數下降，營運明顯改善
——全國電（6281）平均售貨日數

平均售貨日數於2008～2014年為升高趨勢，2015～2018年明顯下降

單位：天

資料來源：公開資訊觀測站

提高營運效率，一方面也為數位通路平台鋪路。而這些作為能達到多少成效？投資人除了可以持續觀察全國電的獲利是否保持穩健，也別忘了透過平均售貨日數這樣的指標，檢視公司是否仍舊維持優秀的營運效能。

平均收現日數突飆高，公司恐有倒帳風險

除了平均售貨日數之外，平均收現日數也很重要。「平

均收現日數」是公司收回應收帳款（應向客戶收取但尚未收回的帳款）的平均天數，如果天數過高，很可能有倒帳風險。就像是你開了一家店，商品已經出貨給顧客，但顧客遲遲不付款，當你需要資金購買新庫存時，就可能會出現資金周轉不靈的危機。

電源供應器廠商華美（已下櫃）和英格爾（8287），2017 年爆發被中國大客戶普天集團倒帳，帳上有高額的應收帳款無法收回，雙雙陷入經營危機。

而後遭台北地檢署查出，它們涉嫌自 2014 年起，利用境外公司與普天集團假交易，意圖美化財報，實際上假交易的應收帳款根本無法收回，兩家公司的董事長也遭到起訴。

從過去的財報資料可以看到，華美在 2013 年的平均收現日數是 59 天（詳見圖 3），2015 年暴增到 100 天。英格爾 2013 年的平均收現日數是 75 天，2014 年、2016 年在 100 天以上，惡化非常明顯；回頭看危機爆發的 2017 年，平均收現日數更高達 384 天。任何一個懂得

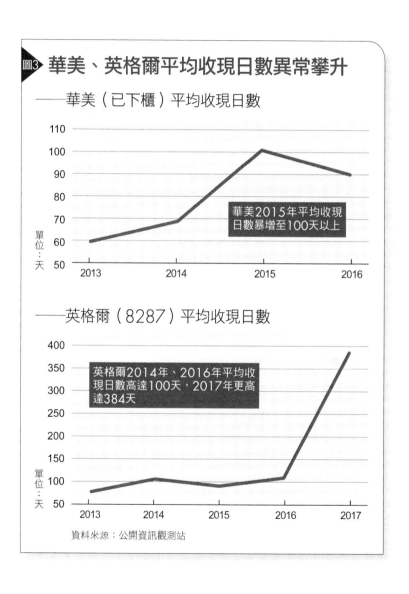

圖3 華美、英格爾平均收現日數異常攀升

——華美（已下櫃）平均收現日數

華美2015年平均收現日數暴增至100天以上

——英格爾（8287）平均收現日數

英格爾2014年、2016年平均收現日數高達100天，2017年更高達384天

資料來源：公開資訊觀測站

看平均收現日數的投資人，都該知道要避開這種標的。

比對同業財務數據，營運品質立馬見真章

觀察財務數字，除了看公司的歷史數據外，另一種最常用的比較方式，就是比對同產業的對手。

以隱形眼鏡雙雄精華（1565）和金可-KY（8406）為例，從 2009 年以來，營收和獲利規模很相近，直到 2016 年，營收也都處在成長的趨勢；但是獲利方面，從 2015 年開始有了明顯的差異，精華繼續成長，金可-KY 則開始衰退。進一步觀察 ROE，精華一直略勝一籌，2008 年到 2017 年都高達 30% 以上；金可-KY 在 2011 年之前也曾有 ROE 達 30% 以上的表現，但是 2012 年之後開始下滑，2017 年已不到 10%。

若要觀察兩者的營運品質，可以比較平均售貨日數及平均收現日數。精華的平均售貨日數從 2008 年的 118 天左右，微幅下降到 2017 年的 63 天左右；同期間，金可-KY 則從 140 天逐漸攀升到 274 天，賣出商品的天數不但逐

圖4 精華收回帳款時間短,明顯優於金可-KY
——精華(1565)、金可-KY(8406)平均收現日數

金可-KY(8406)　　精華(1565)

單位:天

資料來源:財報狗網站

於精華,天數也愈拉愈高,代表銷售速度變慢。

再看平均收現日數,精華的日數非常短,2014～2018年第3季為止,大約都在50天上下(詳見圖4)。金可-KY的天數則都在200天以上,2017年第2季更高達375天。為什麼同一個產業,差別這樣大?

這是因為精華雖然也有「帝康」隱形眼鏡自有品牌,但

主要仍是代工模式；接單的時候，會先向客戶收一半的款
項，出貨之後再收另一半，因此應收帳款的欠帳風險較低。
金可 -KY 則主要經營「海昌」隱形眼鏡品牌；而自有品牌
隱形眼鏡在出貨之後，採用寄賣模式，因此應收貨款的天
數拉得很長，營運上相對處於較不利的地位。

地基3》維持低負債比
不易受景氣拖累

3-4

能構成護城河地基的第 3 項財務實力就是「低負債」，這又是一個和財務教科書不同的概念。教科書會說，負債不見得不好，公司如果有舉債的空間，可以用負債來提高股東權益報酬率，而且現在利率這樣低，借錢並不吃虧。

這幾個說法理論上沒錯，但理論和實務不同的地方就是：「理論上，未來營運很確定；實際上，未來永遠不確定！」所以真正具備危機意識的公司，會讓自己維持在低負債的狀況。

好處1》不怕遭銀行抽銀根

低負債的明顯好處在於，公司不用擔心銀行抽銀根。

2008 年金融海嘯的時候，很多銀行自顧不暇，會立刻收回貸款，或者要求公司減少現金股利並且增資，倘若公司管理階層無法配合，銀行就會收回資金。這種狀況下，缺錢的公司馬上就有可能倒閉；就算不倒閉，也可能會被恐慌心理影響，無法維持良好的營運。

真正謹慎的公司，會避免發生這種困境。尤有甚者，如果該公司同時有「高現金比重」這個優勢，就可以在景氣不明、競爭對手正受到環境壓力影響的時候，趁機大舉投資，擴張事業版圖；一旦景氣回升之後，馬上甩開對手！

我們在前面的章節（詳見 3-2）提到台積電（2330）在 2010 年大舉增加資本支出，那為何其他競爭對手不這樣做？答案是：不是不做，而是它們做不到。

晶圓代工本來就是個高資本支出的行業，每年都需要花費龐大金額，投入新技術的研發、新設備的購置，非常花錢。在金融海嘯的不景氣衝擊下，沒多少人有本錢打地盤。而台積電 2009 年第 1 季的時候，帳面上有高達 40% 的現金，負債比僅有 12%。這樣強大的財務結構，讓公司有

實力投入資本支出。

但千萬別當成台積電只是運氣好,這種財務實力是長年累積的紀律,而不是一時的偶然。這顯示了低負債的微妙好處:運用營運賺到的錢,讓公司得以成長!

好處2》毋須現金增資,股東權益有保障

倘若一家公司堅持靠自身獲利成長,那就不會跟股東伸手要錢,也就是不需要現金增資。「費雪15要點」當中的第13要點說:「在可預見的未來,公司是否會因為成長而必須進行股權融資,以至於發行股數增加,而損害了原有持股人從公司預期成長所得的利益?」

這段話的意思就是,想找值得投資的好公司,最好找不用現金增資的公司;這樣一來,原股東手中的股權就不會被稀釋,股本不會膨脹、未來的每股獲利也會大幅提升,推動股價持續成長,長期持股的股東就能因此獲利。

舉例來說,台積電、可成(2474)、大立光(3008)、

川湖（2059）、精華（1565），這 5 家 ROE 連續多年
能到達 15%、甚至 20% 以上的公司，負債比（負債占總
資產比重）都很低（低於 60% 可視為低負債比的基本標準，
詳見表 1），同時符合護城河地基的前兩項財務實力「巨
大且可靠的獲利來源」及「高現金、高流動資產」。所以
它們都能靠自身獲利成長，不讓股本膨脹、提升內在價值，
最終都變成了百元以上的高價股。

　　最後我們複習一次，構成護城河地基的 3 個要素，一共
包括了 3 項財務實力：

　　1. 有可靠的獲利，則不用擔心在不景氣的時候需要削價
競爭，還能維持利潤。

　　2. 有足夠的現金和管理流動資產的能力，不但不用擔心
被銀行抽銀根，還能在不景氣的時候把握機會，大筆投資
甩開競爭對手。

　　3. 有強大的財務結構，這代表管理階層的財務紀律和用
錢能力，股東會因此獲利。

表1 5公司連續多年呈現高ROE、低負債比

——5檔高價股ROE

公司／股號	2013年	2014年	2015年	2016年	2017年	2018年
台積電（2330）	24.00	27.88	27.04	25.60	23.57	21.95
可 成（2474）	20.48	21.12	23.79	18.51	17.09	19.69
川 湖（2059）	26.55	28.04	25.50	18.79	10.42	18.84
精 華（1565）	45.29	38.26	32.60	36.38	30.07	29.78
大立光（3008）	35.95	50.72	44.09	32.42	30.70	24.37

——5檔高價股負債比

公司／股號	2013年	2014年	2015年	2016年	2017年	2018年
台積電（2330）	32.88	30.06	26.24	26.31	23.55	19.74
可 成（2474）	30.08	29.84	32.41	34.09	37.75	41.16
川 湖（2059）	18.23	16.70	12.69	12.69	11.19	10.10
精 華（1565）	37.22	32.37	30.00	29.51	37.33	33.63
大立光（3008）	21.15	24.33	24.53	20.84	20.28	18.88

註：1. 單位為％；2. 資料統計至 2019.03.22　　資料來源：公開資訊觀測站

符合這些要點的公司，會有一個現象：「新的競爭者難以進入，或者只能在被壓制的情況下參與競爭。」而這些強大公司可不會就此滿足，它們會持續的拓寬護城河，這種拓寬護城河的過程，要從它們配置公司的資本的過程中觀察，也是我們在下一篇文章所要介紹的重點。

3-5 建置1》資本配置能力 需符合「1美元原則」

護城河的第 2 個要素是「資本配置」,指的是公司打造護城河的過程。「資本」是錢,「配置」就是將錢放在將來最有效益的地方;所謂的「資本配置」,就是看老闆怎麼用錢,通常有 5 種方式(詳見表 1):

1. **投資在現有營運資本支出**:資本支出的用途主要是投入在增建廠房、購買機械設備,代表公司本身的營運有成長空間。

2. **收購或投資其他公司**:這是巴菲特(Warren Buffett)經常使用的方式,通常用在現有產業沒成長空間的時候。

3. **償還負債**:如果有向銀行借錢,就需要支付利息,適

217

當地償還負債,除了可節省利息支出,也能強化財務結構。

4. **發放現金股利**:這是最常見的方式,將公司賺得的盈餘,分配給股東。

5. **實施庫藏股**:指的是公司拿現金買回在市場上流通的自家公司股票。通常要滿足上述 1 ～ 3 個條件,且要在公司股價低於內在價值時實施才有意義。

這 5 種方式,如果以現金流向來分類,前 2 種是將賺到的錢留在公司內,變成保留盈餘,後 3 種則是使現金流出公司。若要觀察一家公司的資本配置是否理性,須視老闆是否能將保留盈餘運用得宜;如果老闆保留盈餘用得好,就應該把錢留在公司,因為適當的資本支出或收購行為,有助於公司的成長。如果老闆不善於運用保留盈餘,那麼應該把錢發出去。

執行長的資本配置能力,攸關股東報酬表現

資本配置能力優劣,對公司經營有極巨大的影響。巴菲

表1 **適當的資本支出、收購，有助公司成長**
──資本配置的5種方式

項目	資產	負債	股東權益
運用方式	1.投資在營運資本支出 2.收購或投資其他公司	3.償還負債	4.發放現金股利 5.實施庫藏股
現金流向	保留現金在公司內	現金流出	

特曾在波克夏（Berkshire Hathaway）股東會上推薦了威廉·索恩戴克（William N. Thorndike Jr.）的著作《非典型經營者的成功法則》（The Outsiders），這本書裡面介紹了 8 個與眾不同、績效傲人的執行長，這些執行長擁有超越同業的驚人營運成果，其背後的原因皆來自於理性的「資本配置」。但是很多公司的資本配置都不理性，巴菲特在波克夏年報的致股東信當中解釋了原因：

「通常一家公司的執行長工作有兩項：**營運公司本身的業務和配置獲利賺來的資本。**許多執行長透過在產品、行銷、用人等營運方面的過人表現，榮登執行長的地位，但是遇到配置資本這個具備難度的工作，往往有些人的表現

表2 **A公司的10年累積保留盈餘占期末淨值達**

假設A公司每年淨值成長率皆為10%，每年淨利全部轉為保留盈餘，期初淨值為40元：

項目	第1年	第2年	第3年	第4年
期初淨值（元）	40.0	44.0	48.4	53.2
淨利轉保留盈餘（元）	4.0	4.4	4.8	5.3
期末淨值（元）	44.0	48.4	53.2	58.6

就不理想。執行長不擅長資本配置可不是小事，一位執行長在位 10 年，如果公司的保留盈餘相當於**淨值的 10%，10 年後公司資本有 60% 源自於該執行長的決策。**」

　　巴菲特用數字告訴我們，一位執行長在位愈久，他支配的資本比重就愈來愈高，對股東報酬的影響也愈大。接下來我們用一個虛擬的無負債公司（以下簡稱為「A 公司」）為例，來模擬巴菲特所說的狀況。

　　A 公司的期初淨值為 40 元，公司第 1 年獲利 4 元，因此第 1 年結束時，淨值成長到 44 元，淨值成長率 10%（詳

61.4%——A公司淨值變化模擬表

第5年	第6年	第7年	第8年	第9年	第10年
58.6	64.4	70.9	77.9	85.7	94.3
5.9	6.4	7.1	7.8	8.6	9.4
64.4	70.9	77.9	85.7	94.3	103.7

10年累積保留盈餘為63.7元，累積保留盈餘占期末淨值達61.4%

見表2）。由於該公司不打算發放現金股利，所有獲利都留在公司作為保留盈餘再投資，無論老闆是投資廠房設備，或是投資其他公司，只要保留盈餘用得好，公司獲利就會持續成長。

我們假設淨值成長率維持 10% 不變，第 1 年獲利是 4元，到了第 10 年結束，獲利已提升到 9.4 元，到了第 10年期末淨值已經成長到 103.7 元。現在我們把 10 年來的累積保留盈餘加總，可以發現，累積保留盈餘占期末淨值達 61.4%，計算成果如同巴菲特所説，公司執行長支配的保留盈餘占了淨值 6 成。可見執行長用錢的能力格外重要；

只要保留盈餘成長率能夠維持,那麼獲利和淨值將穩定運行在成長的軌道上。

用1公式評估公司是否符合「1美元原則」

投資人要怎樣檢視保留盈餘的績效?巴菲特在 1983 年的波克夏年報的致股東信上提出一個檢定標準:「我們檢驗保留盈餘是否明智的標準,是保留 1 美元的盈餘,至少要提高 1 美元的市值。」我們稱之為「1 美元原則」。

現在想像一下,如果你是一個第 1 年用 40 元投資前述公司的人,而這家公司 10 年來累積賺了 63.7 元,且沒發現金股利;那麼 10 年後當你要賣出股票時,要怎麼拿到這段期間的保留盈餘呢?

答案是:你的賣出價格一定要高於「本金加上持有時間累積的獲利」,所以賣出價格一定要高於 103.7 元(=本金 40 元+累積保留盈餘 63.7 元)才行。

而一家優秀的公司,通常不會讓你失望。因此,要評估

一家公司是否符合「1 美元原則」，公式為：

> 期末股價（賣出價）＞期初股價（買進價）＋歷年保留盈餘

　　投資人若想運用這個公式決定買賣價格，有個重要前提：你的買進價和賣出價，都要**貼近內在價值**的區間，也就是**要用合理價交易**。如果你買進時股價太貴，或者賣出時候股價下跌，就很難拿到理想的獲利。

　　雖然股價總是有漲有跌，但長期下來一定會反映公司內在價值；倘若公司是家在乎股東的公司，那麼就會設法穩定內在價值，甚至會希望股價經常和內在價值一致，以維持股東權益。

　　上述 A 公司的案例之中，當你第 10 年要賣出股票的時候，如果股票市場氣氛恐慌，那麼很有可能在某個時間點，股價暫時性的低於 103.7 元；但是重視股東且穩定成長的公司，股價最終會高於 103.7 元，為什麼呢？

　　因為公司只要維持 10% 的淨值成長率，那麼股東就可以

合理預估公司第 11 年的保留盈餘將會是 10.3 元，那麼第 11 年的淨值會成長為 114 元；所以當股價低於 103.7 元的時候，理性的股東就會進場買入。到了隔年，股價若回到貼近淨值的位置，投資人至少可以得到大約 10%（＝10.3 元／ 103.7 元）的報酬率。

倘若沒有人買入股票，那麼公司本身可以運用資本配置的第 5 個方式「實施庫藏股」，將現金退回給想賣股票的股東，同時提高現有股東手上的持股比率。

另一個相反的情況是：如果保留盈餘運用得很差，甚至是虧錢呢？在這種狀況下，淨值成長率就會下滑，股價也會因此隨之下跌，那麼就無法達成「1 美元原則」的標準。

這樣的基準是巴菲特給自己的營運檢視，只有真正為股東權益著想的給予者，才會直接地列出這樣的標準，光明正大地讓所有的股東檢查。而為股東著想的公司，才是真正值得投資人投資的公司。

建置2》低資本支出更能累積優勢和現金

3-6

由巴菲特（Warren Buffett）與查理・蒙格（Charlie Munger）所執掌的波克夏（Berkshire Hathaway），共發行 2 種股票：波克夏 A 股（BRK.A）及波克夏 B 股（BRK.B），由於波克夏不配發股利，所有獲利都轉為公司保留盈餘，使得波克夏股價愈墊愈高，2010 年初波克夏 A 股的每股股價是 10 萬美元左右，到了 2019 年初，已經成長到 30 萬美元左右（約合新台幣 930 萬元）！

大多數公司不會像波克夏那樣極端將盈餘保留下來，所以一般而言，當公司本業營運還有成長空間時，理想的資本配置方式是投入資本支出。所謂的「資本支出」，就是購買機械設備、廠房、不動產……等，這是公司營運必要的開銷，大抵來說又分兩種：

1.必要型支出

指的是將生財機械進行維修和替換,以維持正常的產能。這是絕對不可省略的支出,好比一個人每天都要吃飯,讓身體維持正常機能;你可以某些時間吃得少一點,但是不能長期絕食,否則就會營養不良。

2.擴張型支出

目的是用來讓營收成長,通常是讓整體設備升級,或者添購更多的設備,這種必要型支出,可以拉大和競爭對手的差距。假設兩家公司原本的產能相同,其中一家公司買了高效能的機械設備,它的競爭對手就必須要跟進添購,否則產能就會輸給敵人、將來的市占率就會降低,使競爭地位居於劣勢。

投資標的可區分3類:卓越、良好、差勁

有些公司具備特別的優勢,只要用少量的資本支出就能獲勝,巴菲特特別喜歡這種低資本支出類型的公司;因為這些公司不但能累積優勢,還能累積現金。他說:「最好的公司,就是能替投資人源源不絕創造現金的公司。」

在《如果第一次投資就學巴菲特》（Buffett's Bites: The Essential Investor's Guide to Warren Buffett's Shareholder Letters）這本書裡面，提到了在 2007 年的波克夏致股東信中，巴菲特根據公司的資本支出需求，把投資標的分類成下列 3 種事業：卓越（great）、良好（good）、差勁（gruesome），並且分別列舉了 3 個例子：

第 1 個例子是時思糖果（See's Candy），是「卓越事業」的代表。卓越事業是屬於低資本支出型的公司，公司不需要投入太多資本，就能夠不斷的創造現金，而且持續成長，只是卓越事業是少數。

第 2 個例子是飛安公司（Flight Safety），是「良好事業」的代表。巴菲特認為這類事業需要投入大量資本支出，才能賺到更多的獲利；雖然報酬率不如時思糖果，不過也很不錯，多數好公司都屬於這種類型。卓越事業和良好事業都適合納入投資標的之中。

第 3 個例子是航空產業，是「差勁事業」的代表。它們需要投入大量的資金，卻只能賺到微薄的獲利，因此這種

公司很難找到競爭優勢,甚至可能賺不到錢。

為什麼巴菲特要重視資本支出的額度?因為當他全額收購這些公司的時候,該公司所有的自由現金流(即營業現金流減去資本支出的金額)都會繳回到波克夏總部,而屬於「卓越」的公司可以繳回最多,「良好」的公司給得較少。這些公司所貢獻的自由現金流,又能讓巴菲特拿去投資其他的「卓越」與「良好」的公司,使波克夏集團能夠利滾利的持續增長,為股東創造更強大的複利優勢。

雖然我們不是巴菲特,沒有辦法全額收購公司,但是我們可以模仿巴菲特的模式,來找出這些低資本支出類型的公司。接下來我們來想想,台股有哪些公司符合「卓越」、「良好」事業的條件?還有哪些屬於「差勁」的事業?

卓越》低資本支出型
——以大立光(3008)為例

卓越的公司就是「低資本支出型」,它的特色就是每年要增加的廠房和設備支出較少。根據我的研究,只要 5 年

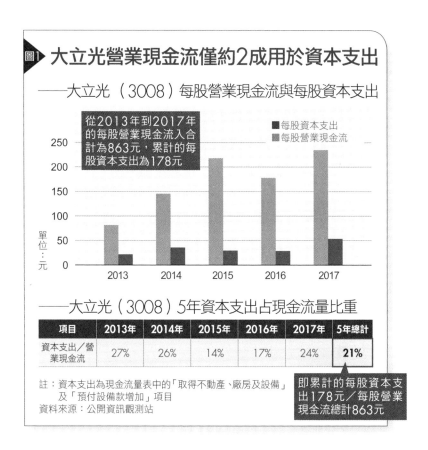

圖1 大立光營業現金流僅約2成用於資本支出

——大立光（3008）每股營業現金流與每股資本支出

> 從2013年到2017年的每股營業現金流入合計為863元，累計的每股資本支出為178元

■ 每股資本支出
■ 每股營業現金流

單位：元

——大立光（3008）5年資本支出占現金流量比重

項目	2013年	2014年	2015年	2016年	2017年	5年總計
資本支出／營業現金流	27%	26%	14%	17%	24%	**21%**

即累計的每股資本支出178元／每股營業現金流總計863元

註：資本支出為現金流量表中的「取得不動產、廠房及設備」及「預付設備款增加」項目
資料來源：公開資訊觀測站

總計的「資本支出／營業現金流」占30%以下，就可以算是卓越的公司。大立光從2013年到2017年的每股營業現金流合計為863元（詳見圖1），累計的每股資本支出

為 178 元，資本支出占營業現金流的比重約為 21%。也就是說這 5 年來賺到的營業現金流，僅需要支出 21% 來做維持競爭力的資本支出，而剩下的 79% 現金都可以自由運用，這樣的成果可以說是非常的優秀。

　　大立光的資本配置方式是「投資現有資本支出」和「發放現金股利」這兩個方式，我們說過，只要保留盈餘在資本支出的方面運用得很好，公司的 EPS 和每股淨值都會提升，現在我們來檢視大立光的相關數據（詳見表 1），可以發現大立光從 2013 年到 2017 年的淨值都優於前一年，5 年 EPS 總計 759.75 元，合計現金股利共發放 279 元，現金股利發放率 36.72%。

　　接著我們再檢視 5 年來保留盈餘對上淨值的比率：

$$\frac{5 \text{ 年累積每股保留盈餘 } 480.75 \text{ 元}}{2017 \text{ 年期末每股淨值 } 688.81 \text{ 元}} \approx 69.8\%$$

　　從這比率看來，5 年來的保留盈餘占了淨值快要 70%！現在大立光大多數的資本配置都是其執行長林恩平決定，他對大立光的影響不言而喻，他運用資本的績效如何？我

大立光近年每年淨值皆優於前1年
——大立光（3008）5年獲利、股利及淨值表現

項目	2013年	2014年	2015年	2016年	2017年	5年總計
EPS（元）	71.64	144.91	180.08	169.47	193.65	759.75
每股現金股利（元）	28.50	51.00	63.50	63.50	72.50	279.00
現金股利發放率（%）	39.78	35.19	35.26	37.47	37.44	36.72
每股保留盈餘（元）	43.14	93.91	116.58	105.97	121.15	480.75
每股淨值（元）	226.97	344.40	472.54	572.85	688.81	－

資料來源：公開資訊觀測站

們用「1美元原則」來檢視：

期末股價（賣出價）＞期初股價（買進價）＋歷年保留盈餘

→ 2017 年底收盤價＞ 2013 年首個交易日收盤價＋ 5 年累積保留盈餘

　　大立光的 2017 年 12 月 29 日收盤價是 4,020 元，2013 年 1 月 2 日收盤價 832 元，5 年累積每股保留盈

餘 480.75 元,所以:

2017 年底收盤價 4,020 元> 2013 年首個交易日收盤價 832 元+ 5 年累積保留盈餘 480.75 元
= 4,020 元> 1,312.75 元
→符合 1 美元原則

　　淨值持續向上累積,也推動了股價成長。大立光從 2013 年站上千元股價後,股價持續向上走高。在 2014 年 4 月以最高價 1,990 元,打破過去國泰人壽(現為國泰金(2882))創下的台股天價 1,975 元後,繼續寫下台股新紀錄;2017 年 8 月最高漲到 6,075 元,漲勢驚人。

良好》高資本支出型
──以台積電(2330)為例

　　卓越事業是少數,大多數的好公司都屬於「良好事業」。良好事業是屬於高資本支出型,雖然資本支出相對多,但仍能產生自由現金流。根據我的研究,整理出只要 5 年總計的資本支出/營業現金流的占比在 70% 以下,就可以算是良好的公司。台積電(2330)就是良好公司的代表範例。

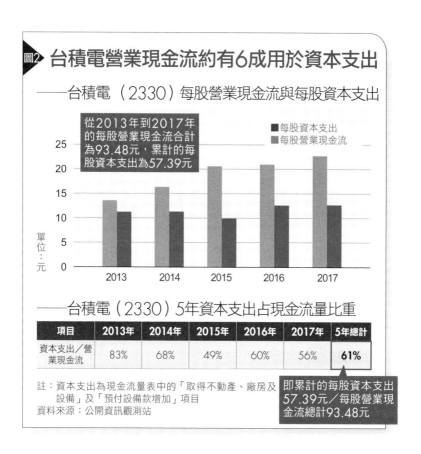

圖2 台積電營業現金流約有6成用於資本支出

——台積電（2330）每股營業現金流與每股資本支出

> 從2013年到2017年的每股營業現金流合計為93.48元，累計的每股資本支出為57.39元

- 每股資本支出
- 每股營業現金流

單位：元

——台積電（2330）5年資本支出占現金流量比重

項目	2013年	2014年	2015年	2016年	2017年	5年總計
資本支出／營業現金流	83%	68%	49%	60%	56%	**61%**

註：資本支出為現金流量表中的「取得不動產、廠房及設備」及「預付設備款增加」項目
資料來源：公開資訊觀測站

> 即累計的每股資本支出57.39元／每股營業現金流總計93.48元

　台積電從2013年到2017年的每股營業現金流合計為93.48元，而這5年累計的每股資本支出為57.39元，占營業現金流比重為61%（詳見圖2）。也就是說台積電

這 5 年來賺到的錢，平均每年會支出 61% 來做維持競爭力
的資本支出。

　　雖然比起大立光，這樣的資本支出比重相對高，不過以
同產業來比較，競爭對手也一樣要耗用等值、甚至更多的
資本支出，因此這也成為競爭對手進入的障礙門檻，資金
不足的公司根本無法進入這個產業競爭。

　　如同前文（詳見 3-2）提到的，晶圓代工的技術日新
月異，台積電的競爭對手聯電（2303）、美商格羅方德
（GlobalFoundries）都已經宣告退出 7 奈米的競爭，只有
具備實力的公司，才有能力繼續留在這個市場，再來我們
觀察台積電資本配置的方式，台積電的運用方式一樣是「投
資現有資本支出」和「發放現金股利」這兩個方式，那麼
運用得如何？

　　從表 2 可以看到，台積電 5 年 EPS 總計 55.38 元 ，合
計現金股利發放 28.5 元，現金股利發放率 51%；台積電
明明是高資本支出型的公司，為什麼現金股利發放率會比
大立光更高？

台積電近年獲利與淨值年年成長

表2

——台積電（2330）5年獲利、股利及淨值表現

項目	2013年	2014年	2015年	2016年	2017年	5年總計
EPS（元）	7.26	10.18	11.82	12.89	13.23	55.38
每股現金股利（元）	3.00	4.50	6.00	7.00	8.00	28.50
現金股利發放率（%）	41.32	44.20	50.76	54.31	60.47	51.46
每股保留盈餘（元）	4.26	5.68	5.82	5.89	5.23	26.88
每股淨值（元）	32.69	40.32	47.11	53.58	58.70	－

資料來源：公開資訊觀測站

　　這是因為台積電知道自己對台股有舉足輕重的影響，因此採取穩定的現金股利政策，2007～2013年也都維持發放3元的現金股利。

　　當股利政策穩定，股東知道自己可以領取一定水準的現金股利，也有助於籌碼的穩定度；當股價穩定，對公司的長期規畫也很有幫助，可以看到台積電EPS年年提升，現

金股利愈來愈高，股價也穩定上揚（詳見圖 3）。

　　接著我們再計算 5 年來保留盈餘占淨值的比重，檢視執行長對資本配置的影響度：

$$\frac{\text{5 年累積每股保留盈餘 26.88 元}}{\text{2017 年期末每股淨值 58.7 元}} ≒ 45.8\%$$

　　從這個比重看來，台積電 5 年來的保留盈餘占了淨值約 45.8%，比大立光的比重更少。但請注意，過去這段期間，大立光處於成長期間，台積電則處於成長趨向成熟期間，加上張忠謀創立台積電 30 餘年，整家公司都由他所打造，台積電整體的表現就是張忠謀資本配置能力的展現。

　　那麼台積電是否有符合「1 美元原則」？台積電的 2017年 12 月 29 日收盤價是 229 元，2013 年 1 月 2 日收盤價是 99.6 元，5 年累積保留盈餘 26.88 元：

2017 年底收盤價 229 元＞ 2013 年首個交易日收盤價 99.6 元
＋ 5 年累積保留盈餘 26.88 元
＝ 229 元＞ 126.48 元
→符合 1 美元原則

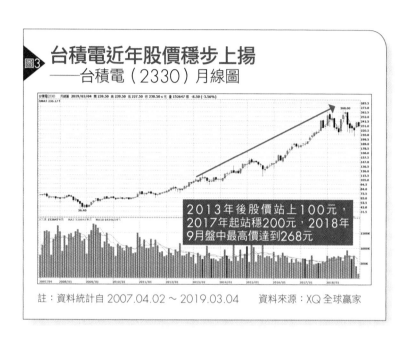

圖3 台積電近年股價穩步上揚
——台積電（2330）月線圖

2013年後股價站上100元，
2017年起站穩200元，2018年
9月盤中最高價達到268元

註：資料統計自 2007.04.02 ～ 2019.03.04　　資料來源：XQ 全球贏家

　　台積電是台股的模範公司，但是投資人要注意：這種資本支出相對較高的公司，一定要符合我們在 3-2 中提到的6 個費雪要點，才能納入投資標的之中。最基本的要求是，公司一定要具有高利潤率，才有能力做好資本配置，否則就只會成為普通的公司。

　　我們來舉例一個屬於高資本支出型，利潤率卻不高的公

司。

高資本支出、低利潤率
──以宏全（9939）為例

瓶蓋製造廠宏全（9939）就是屬於高資本支出型的公司，歷年來固定資產占總資產的比率通常在 60% 上下。

接著我們再看宏全的 3 大利潤比率（毛利率、營業利益率、稅後淨利率）。如圖 4 所顯示，宏全自 2013 ～ 2017 年這 5 年，毛利率表現穩定，多在 17% ～ 20% 之間，稅後淨利率則在 5% ～ 7% 之間，年年都有獲利，以傳統產業來說其實算是不錯。

接著我們再看這 5 年的現金流量和資本支出狀況。宏全從 2013 年到 2017 年的每股營業現金流合計為 51.38 元，每股資本支出共計 56.97 元，資本支出占營業現金流約為 111%。也就是說，資本支出所消耗的錢，比公司從營業賺來的現金流更多（詳見圖 5）！所以宏全缺乏自由現金流，5 年總計每股自由現金流為 -5.59 元。

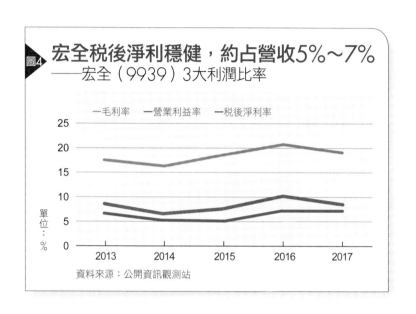

圖4 宏全稅後淨利穩健，約占營收5%～7%

——宏全（9939）3大利潤比率

— 毛利率　— 營業利益率　— 稅後淨利率

單位：％

資料來源：公開資訊觀測站

營運賺來的錢還不夠支付資本支出的錢，這樣的資金缺口，只得向銀行借款，可看到宏全的負債比經常在 50% 左右；2018 年第 3 季，宏全的負債比是 56%，其中短期借款占總資產約 15%，長期借款及應付公司債則占約 32%。

宏全資本配置的方式，一樣兼具「投資現有資本支出」和「發放現金股利」這兩個方式。表 3 可看到宏全 5 年 EPS 總計 19.47 元 ，合計發放現金股利 11.7 元，現金股

圖5 **宏全的資本支出花費高於營業現金流入**

——宏全（9939）每股營業現金流與每股資本支出

從2013年到2017年的每股營業現金流入合計為51.38元，每股資本支出共計56.97元

■ 每股資本支出
■ 每股營業現金流

單位：元

——宏全（9939）5年資本支出占現金流量比重

項目	2013年	2014年	2015年	2016年	2017年	5年總計
資本支出／營業現金流	189%	182%	80%	43%	108%	**111%**

即累計的每股資本支出56.97元／每股營業現金流總計51.38元

註：資本支出為現金流量表中的「取得不動產、廠房及設備」及「預付設備款增加」項目
資料來源：公開資訊觀測站

利發放率60%，屬於相對高的配息策略。

接著我們再檢視5年來保留盈餘占淨值多少比重：

240

表3 宏全連續5年獲利持平，淨值成長不明顯
——宏全（9939）5年獲利、股利及淨值表現

項目	2013年	2014年	2015年	2016年	2017年	5年總計
EPS（元）	4.27	3.72	3.26	4.02	4.20	19.47
每股現金股利（元）	2.50	2.20	2.00	2.50	2.50	11.70
現金股利發放率（%）	58.55	59.14	61.35	62.19	59.52	60.09
每股保留盈餘（元）	1.77	1.52	1.26	1.52	1.70	7.77
每股淨值（元）	38.27	40.88	40.79	40.14	42.61	－

資料來源：公開資訊觀測站

$$\frac{5 \text{ 年累積每股保留盈餘 } 7.77 \text{ 元}}{2017 \text{ 年期末每股淨值 } 42.61 \text{ 元}} \approx 18.2\%$$

　　5 年來累積的保留盈餘占淨值的比率僅有 18.2%，算是偏低的比重，這是因為高現金配息策略下，公司留下來的保留盈餘也相對較少。我們繼續用「1 美元原則」檢視宏全的表現。

宏全 2017 年 12 月 29 日收盤價是 57.5 元，2013 年 1 月 2 日收盤價 66 元，5 年累積保留盈餘 7.77 元，則：

2017 年底收盤價 57.5 元＜ 2013 年首個交易日收盤價 66 元 ＋ 5 年累積保留盈餘 7.77 元
＝ 57.5 元＜ 73.77 元
→不符合 1 美元原則

宏全的管理能力不錯，瓶蓋這種產品也有持續性的需求，但是因為產品差異化不足，因此很難創造更高的獲利。雖然不能歸類為巴菲特定義的「良好事業」，但是也還沒到差勁的程度，真要歸類，我們可以說它是一檔「普通」的投資標的。

操作這種「普通」的投資標的時，你在買入時就必須拉大安全邊際，才能避開內在價值無法提升的風險，也就是盡可能在股價低於內在價值許多的位置買入。

宏全在 2009 年之前，股價約在 40 元以下，2011 年一度衝上 89.7 元，而後又緩步下跌，2019 年 3 月初股價約在 50 元上下（詳見圖 6）。雖然長期投資宏全不見得會虧錢，只是在資金運用的考量下，選擇卓越和良好的公

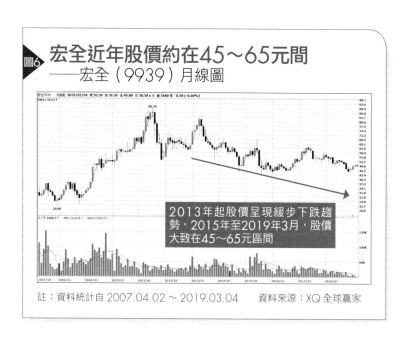

圖6 **宏全近年股價約在45～65元間**
——宏全（9939）月線圖

2013年起股價呈現緩步下跌趨勢，2015年至2019年3月，股價大致在45～65元區間

註：資料統計自 2007.04.02 ～ 2019.03.04　　資料來源：XQ 全球贏家

司，能帶來的潛在報酬率較佳。

差勁》燒錢公司
——以裕民（2606）、浩鼎（4174）為例

前兩個類型的公司都具備自由現金流，也都是可以納入投資標的的選擇之一，接下來要介紹屬於差勁事業的案例，

也就是所謂的燒錢公司，這種案例最好別碰。在台股當中，就以航運業的裕民（2606）和生技業的浩鼎（4174）作為代表。裕民是散裝航運公司，主要業務是大宗原物料（像水泥、煤炭、礦砂）的運送，業績與景氣息息相關；在 2004 ～ 2007 年的大多頭時期，業績創下歷史高峰，股價也衝破百元。不過隨著金融海嘯發生後，航運業景氣跟著墜落低谷，而後的復甦速度也相當緩慢，裕民甚至在 2016 年繳出虧損成績，股價在 2016 年 11 月最低跌到 21.05 元（詳見圖 7），距離金融海嘯前的高點，跌掉了將近 83%。

裕民從 2013 年到 2017 年的現金流量，每股營業現金流合計為 15.01 元，累計的每股資本支出為 31.04 元，資本支出占營業現金流高達 207%（詳見圖 8），累計每股自由現金流為 -16.03 元，代表公司缺乏現金。

公司缺錢，就需要和銀行借款來因應支出。檢視裕民的負債比，從 2013 年的 50% 左右，逐年升高到 2017 年的 59%。高負債比是航運產業普遍的狀況，這樣的燒錢公司，投資人實在沒必要把錢投入在這些公司。

圖7

裕民於2016年最低跌至21.05元
——裕民（2606）月線圖

股價曾在2007年突破百元，2008年
金融海嘯時最低價為31.4元，2016年
11月9日盤中最低價21.05元再創低點

註：資料統計自 2007.04.02 ～ 2019.03.04　　資料來源：XQ 全球贏家

　　裕民至少還有營業現金流入，另一種最差勁的公司，是
絕對要避開的投資類型；它的特色是沒獲利又燒錢，生技
股的浩鼎就是這種類型。

　　浩鼎從 2013 年到 2017 年每年都是虧損，每股營業現
金流合計為 -17.48 元（詳見圖 9），5 年來都沒有從營業
活動賺到錢。累計的每股資本支出 2.02 元、累計每股自

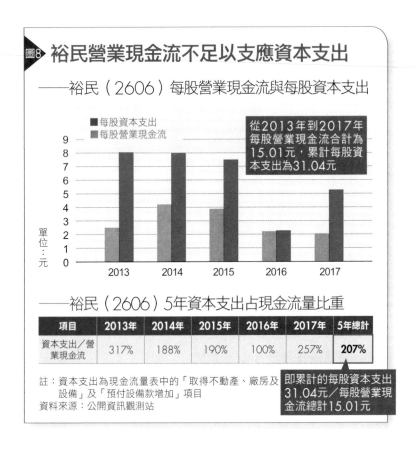

圖8 **裕民營業現金流不足以支應資本支出**

——裕民（2606）每股營業現金流與每股資本支出

■ 每股資本支出
■ 每股營業現金流

從2013年到2017年
每股營業現金流合計為
15.01元，累計每股資
本支出為31.04元

單位：元

——裕民（2606）5年資本支出占現金流量比重

項目	2013年	2014年	2015年	2016年	2017年	5年總計
資本支出／營業現金流	317%	188%	190%	100%	257%	**207%**

即累計的每股資本支出
31.04元／每股營業現
金流總計15.01元

註：資本支出為現金流量表中的「取得不動產、廠房及
　　設備」及「預付設備款增加」項目
資料來源：公開資訊觀測站

由現金合計流出 -19.5 元，這代表 5 年來不僅沒賺錢，還
一直在燒錢，這類公司當然是避之則吉，能離多遠就多遠。
讀者可能會想，差勁的公司要不要檢查 1 美元原則？當然

圖9 浩鼎多年呈現虧損，資本支出仍持續增加

──浩鼎（4174）每股營業現金流與每股資本支出

從2013年到2017年每股營業現金流合計為-17.48元，累計每股資本支出2.02元

單位：元

■ 每股資本支出
■ 每股營業現金流

2013　2014　2015　2016　2017

──浩鼎（4174）5年資本支出占現金流量比重

項目	2013年	2014年	2015年	2016年	2017年	5年總計
資本支出／營業現金流	-27%	-4%	-13%	-22%	-5%	**-12%**

註：資本支出為現金流量表中的「取得不動產、廠房及設備」及「預付設備款增加」項目
資料來源：公開資訊觀測站

即累計的每股資本支出2.02元／每股營業現金流總計-17.48元

是不用，我們只要知道這是差勁的標的就好了。不值得研究的公司，就不需要放入你的研究範圍。

建置3》善用產業循環 強大財務能力

3-7

知道如何從資本支出的 3 種類型，去分辨公司屬於卓越、良好或差勁事業之後，投資人要做的不是套公式，而是要觀察老闆用錢是否高明，能否充分的運用現金流來提升企業潛力。而想要增進分析功力的投資人，最好能多研究「好公司之所以卓越」的理由。

而巴菲特（Warren Buffett）曾經在波克夏（Berkshire Hathaway）年報的致股東信說過，他檢視投資標的時，會特別檢視一件事：「**評估管理階層是否能充分發揮企業潛力，並且明智的運用現金流。**」

商場變化莫測，景氣有起有落，但很多老闆會犯的錯誤是——在景氣好的時候購買設備擴廠，景氣差的時候卻不

敢做資本支出，因此錯失市場良機。

趁景氣好時儲備能量，等待時機逆勢出擊

資本支出如同軍備競賽，很多人都會在景氣好的時候一窩蜂的比賽，導致景氣轉差的時候發生產能閒置、產能利用率不足；而固定成本（例如水電費、折舊費用等）仍然要支出，最後公司只好接一些低報價的單子來填滿產能，從此失去抬高產品價格的能力。

而理性、且進入能力圈的老闆有一個優勢：**「可觀察出市場可能產生的潛在變化，包含整體景氣的循環，進而做好準備。」**這類老闆會在景氣好的時候壓抑資本支出的額度，僅作一定程度的支出，累積資產負債表上的現金部位。然後在景氣相對差，競爭對手躊躇止步的時候大舉擴廠，透過在景氣循環之間累積優勢，最終蓄積出競爭對手無法超越的能力。

實戰範例》儒鴻（1476）

機能布及成衣製造大廠儒鴻（1476），就是一個典型的

儒鴻連續8年獲利能力矩陣達Ａ＋等級

項目	2010年	2011年	2012年
ROE（％）	22.85	29.15	32.24
每股自由現金流入（元）	0.08	2.67	3.52
獲利能力矩陣	A＋	A＋	A＋

資料來源：公開資訊觀測站

範例。這家公司自 1977 年成立，2001 年掛牌上市，主要產品是成衣以及針織布料；多家國際級品牌都是它的客戶，如運動品牌 Nike、Adidas、瑜伽服飾品牌 Lululemon 等。儒鴻從 2010 年開始，獲利能力矩陣就是Ａ＋等級（詳見表 1），到 2017 年連續維持了 8 年Ａ＋紀錄。

趁景氣正盛，保留現金、縮減資本支出

2015 年的時候，儒鴻的 EPS 到達 15.99 元的高峰，稅後淨利高達 41 億 7,000 萬元；但是在 2016 年到 2017 年前 3 季，儒鴻的營收和淨利陸續開始衰退（詳見圖 1）。2017 年第 3 季的法說會後，儒鴻的股價在 11 月 13 日下跌到 290.5 元，之後在 11 月創下年度最低價 263 元

——儒鴻（1476）獲利能力矩陣

2013年	2014年	2015年	2016年	2017年
37.08	34.15	39.28	27.24	20.23
3.56	5.72	14.83	13.38	-6.76
A+	A+	A+	A+	A+

（2017.11.27）。這個價位和 2015 年 9 月 18 日的最高點 549 元相比，足足下跌了 52%（詳見圖 2）。

儒鴻 2017 年全年財報公布，EPS 剩下 11.12 元，稅後淨利 30 億 5,000 萬元，比 2015 年衰退超過 26%。投資人可能會想：儒鴻是否出了問題？我們用資本配置的方式來觀察儒鴻。

首先我們來看儒鴻的現金流量。2013 年和 2014 年這兩年的營業現金流，分別是每股 10.1 元和 12.05 元（詳見圖 3），每股資本支出分別是 6.54 元和 6.33 元，資本支出對上營業現金流的比率分別是 64.8% 和 52.5%，也

就是說本業賺到的錢,要支出 50% ～ 60% 做資本支出。

接著我們看 2015 年和 2016 年的數字,這兩年是紡織業的好年冬,儒鴻的每股營業現金流大幅成長,分別是 17.87 元和 16.04 元,但是儒鴻的每股資本支出卻暴減一半,僅支出每股 3 元左右,同時資產負債表上的現金部位開始增加。

一般狀況下,儒鴻只要備妥 12 億元的現金部位即可,如同 2013 年的現金部位(詳見表 2)。但是在 2015 年現金部位卻提高到 36 億 6,000 萬元,2016 年提高到 61 億 9,000 萬元;這顯示儒鴻在景氣好的時候,已經開始做過冬的準備。到了 2017 年,紡織業景氣恢復正常,儒鴻的每股營業現金流恢復成 10.37 元,每股資本支出卻大幅增加到 17.13 元,等於是把前兩年沒使用的額度一併用上!也因此當年度的自由現金流轉為 -6.76 元。

如果單看 2017 年的年度現金流量,通常一般人會因此擔憂公司基本面變弱。因為營業現金流比前一年減少,自由現金流更因此轉負,只看表面數字的投資人,往往會認

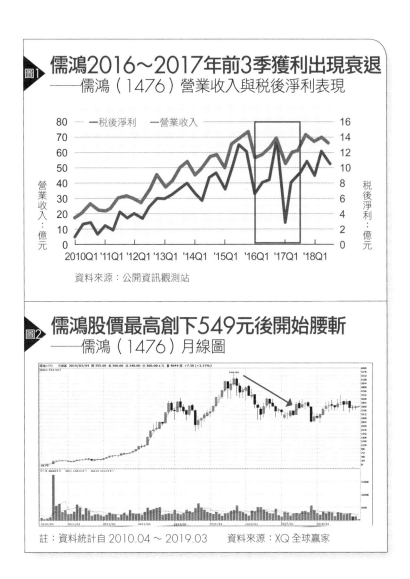

▶圖1
儒鴻2016～2017年前3季獲利出現衰退
——儒鴻（1476）營業收入與稅後淨利表現

資料來源：公開資訊觀測站

▶圖2
儒鴻股價最高創下549元後開始腰斬
——儒鴻（1476）月線圖

註：資料統計自2010.04～2019.03　　資料來源：XQ全球贏家

圖3 儒鴻在2015～2016年縮減資本支出

——儒鴻（1476）每股營業現金流與每股資本支出

從2013年到2017年的每股營業現金流合計為66.43元，累計的每股資本支出為35.64元

■每股資本支出
■每股營業現金流

單位：元

——儒鴻（1476）5年資本支出占現金流量比重

項目	2013年	2014年	2015年	2016年	2017年	5年總計
資本支出／營業現金流	64.80%	52.50%	17.00%	16.20%	165.20%	**53.70%**

即累計的每股資本支出35.64元／每股營業現金流總計66.43元

註：資本支出為現金流量表中的「取得不動產、廠房及設備」及「預付設備款增加」項目
資料來源：公開資訊觀測站

為公司營運轉差，真的是這樣嗎？

檢視現金流需要把 5 年的數字加起來，從圖 3 可看到，

儒鴻2015～2016年保留大量現金
——儒鴻（1476）現金部位狀況

項目	2013年	2014年	2015年	2016年	2017年
現金（億元）	12.1	18.5	**36.6**	**61.9**	14.40
總資產（億元）	125.5	149.3	176.8	199.1	200.7
現金比重（％）	9.6	12.4	20.7	31.1	7.2

註：1.「現金」為合併資產負債表「現金與約當現金」科目；2.「現金比重」為「現金／總資產 ×100%」，四捨五入至小數點後第 1 位
資料來源：公開資訊觀測站

總計儒鴻 5 年的資本支出占現金流量比重是 53.7%，和 2013 年到 2014 年的比率接近，相當合理。資本支出的額度符合「良好事業」的標準（標準為低於 70%），加上 2017 年儒鴻的現金部位還有 14 億元左右，這個額度和 2013 年和 2014 年很接近，符合儒鴻的平日營運需求，因此並沒有轉壞風險。

斥資購置新設備、培養新人才，提升技術與產品

正確的解讀現金流量能讓投資人帶來優勢，太過表面的解讀則會讓投資人帶來錯誤的結論，要確認自己是否正確，

就要更深入的思考，儒鴻為什麼要做出這樣的資本配置？

在 2017 年 11 月出刊的《商業周刊》第 1567 期，我們找到了答案，儒鴻董事長洪鎮海在受訪時表示，「產業會有一個循環，最高峰的時候，通常就代表快要往下走。從石油危機、70 年代股市崩盤到新興國家崛起，2016 年是我遇到的第 4 次產業循環，衝擊很大，但時機愈不好的時候，愈可以考驗你的實力到底有多少。」

這段內容可以解釋，儒鴻為什麼會在 2015 年到 2016 年累積現金部位，因為董事長已經運用自己的能力圈優勢，了解產業可能會發生景氣循環，再運用內斂型的理性能力來調整資本配置。為了面對即將到來的產業衰退，洪鎮海認為，「要想到未來逆勢的時候怎麼辦？你真正的競爭力在哪裡？」因此他們主動淘汰品質與產品單價較低的客戶；取而代之的，是想辦法引進高單價的新客戶，想要做到這一點，就需要花錢進行產品的升級。

報導中提到，「17 年來未曾在台擴廠的儒鴻，今年（2017 年）斥資 10 億元在苗栗興建的新布廠，就是為

了數位印花布而設，好就近克服技術問題。」同時，自行培養一批具有美術背景的新鮮人，這些兩年以內都無法做出實際貢獻的人力，是儒鴻需要花費的人力成本，卻也是被洪鎮海視為未來能夠推動儒鴻新產品的尖兵。

如果你是第一次看到這篇報導，並且對儒鴻還不熟悉的人，無法判斷他這樣的資本配置是否正確，可以檢視他過去的資本配置成果。

從表 3 可以看到，儒鴻的 5 年 EPS 總計 63.2 元，合計現金股利發放 45.5 元，現金股利發放率 72%，這是傳統產業常有的高配息率策略。

接著檢視 5 年來保留盈餘占淨值的比重：

$$\frac{5 \text{ 年累積每股保留盈餘 } 17.7 \text{ 元}}{2017 \text{ 年期末每股淨值 } 54.93 \text{ 元}} = 32.2\%$$

儒鴻 72% 的配息率，比起同為傳產股的宏全（9939）配息率 60% 還高，但是保留盈餘占淨值的比重 32.2%，卻高於宏全的 18.2%。理論上，配息率高是把現金分給

股東，所以保留盈餘占淨值的比率應該是較低，為什麼儒鴻反而會高於宏全呢？這是因為儒鴻運用保留盈餘的能力相當優異，即使配了 7 成的股息給股東，但因為 5 年來的 EPS 也持續提高，使得累積的保留盈餘持續增加。

　　繼續檢視儒鴻的保留盈餘運用效果，是否符合「1 美元原則」：

2017 年 12 月 29 日收盤價 297.5 元＞ 2013 年 1 月 2 日收盤價 105.5 元＋ 5 年累積保留盈餘 17.7 元
＝ 297.5 元＞ 123.2 元
→符合 1 美元原則

　　儒鴻董事長洪鎮海也在同篇報導中指出，2018 年儒鴻的營運表現將會提升，就在本書付梓前，儒鴻公布了 2018 年財報數據；我們來檢視儒鴻的 3 大利潤比率，2018 年的毛利率為 28.82%，營業利益率為 19.24%（詳見圖 4），突破了 2015 ～ 2016 年營運高峰時的表現，寫下歷史新高。而儒鴻 2018 年前 3 季的 EPS 合計是 11.44 元，單這 3 季就勝過 2017 年全年的獲利；2018 年全年 EPS 則是 15.97 元，逼近近年表現最佳的 2015

表3 **儒鴻連續5年配息率達7成**
──儒鴻（1476）5年獲利、股利及淨值表現

項目	2013年	2014年	2015年	2016年	2017年	5年總計
EPS（元）	10.91	11.51	15.99	13.67	11.12	63.20
現金股利（元）	7.00	8.00	10.50	10.50	9.50	45.50
股息發放率（%）	64.16	69.50	65.67	76.81	85.43	71.99
每股保留盈餘（元）	3.91	3.51	5.49	3.17	1.62	17.70
每股淨值（元）	32.31	36.31	45.11	56.12	54.93	－

資料來源：公開資訊觀測站

年 EPS 15.99 元。ROE 也突破 2016 年及 2017 年表現，提升至 27.37%。此外，儒鴻也於 2019 年 3 月 4 日宣布董事會決議，將配發 11 元現金股利，這個數字也創下歷年最高紀錄。從 2018 年亮麗的表現看來，可以確認儒鴻董事長的確是說到做到。

寫到這裡，我一共用了 3 篇文章（詳見 3-5 ～ 3-7）說

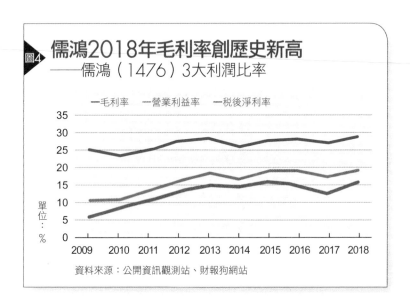

圖4 **儒鴻2018年毛利率創歷史新高**
　　——儒鴻（1476）3大利潤比率

資料來源：公開資訊觀測站、財報狗網站

明建置護城河的第2個要素「資本配置」，其重點在於「善用產業循環」，這是打造護城河的過程，而一位高明的經營者，懂得在每個產業循環的區間，讓公司的財務變得更加強大。

　　結合了「強大的財務實力」和「資本配置」這兩個要素，才有可能展示護城河的最終成果「可持久的競爭優勢」，這也是我們接下來要說明的最後一個要素。

成果1》持久競爭優勢
讓對手莫可奈何

3-8

擁有強大的財務實力和優秀的資本配置，所建構的最終
護城河就是「可持久競爭優勢」，也就是前面所說的：「別
人知道你成功的祕密，卻拿你沒轍，最後只好放棄攻擊
你。」這個優勢由前兩項層層累加，透過多年的循環，才
能完整建構。

講白話一點，「競爭優勢」就是「這家企業跟別家哪裡
不一樣，讓競爭對手無法超越？」基於公司所處產業的不
同，每家公司在不同領域展示出來的優勢會不一樣。我個
人偏好的優勢類型有 3 種：

1.規模加上技術領先所帶來的定價力。
2.品牌帶來的心智占有率。

3. 強大的企業文化。

類型1》規模加上技術領先的定價力

一般來說，競爭最常見到的策略就是「削價競爭」，也就是我提供和你一樣的東西，但是賣得比你更便宜。一旦削價競爭，大多數公司的利潤都會因此下滑，那麼企業要怎樣對抗對手的競爭呢？答案在「定價力」。

巴菲特（Warren Buffett）對其定義為：「**產品能賣得比同類產品貴，即使客戶端需求不振、公司產能未滿載也一樣**」。

定價力最常見的就是「技術領先」，技術領先是一種功能上的差異化，其他競爭者通常會全力追趕這種差異化；稍有不慎，也可能讓對手迎頭趕上。最新的技術總是在不同公司之間不斷發生，這是整體人類進步的原動力。

然而，不是技術領先就有用，一家公司必須要能夠把「技術領先」轉換成「滿足客戶需求」的產品，而且還要有充分的研發人才，容許創新失敗的空間，才能達到持續性的

技術領先。

　而我偏愛的定價力，是「規模加上技術領先」的定價力，這種公司通常會具備前文所提到「巨大且可靠的獲利」當中的「費雪6要點」（詳見3-2），除此之外還會有以下3點特徵：

　　1. 重視研發人才的培育。
　　2. 重視創新，且容許可能產生創新失敗。
　　3. 客戶是世界頂級企業。

　我們可以從各種報導中找到符合上述條件的訊息資料，例如本書當中多次提到的 Nike 運動鞋代工夥伴豐泰（9910）就符合這些條件；只是豐泰的規模較小。如果有一家公司規模愈大、客戶愈多、市占率愈高，就能達到「規模加上技術領先的定價力」，而晶圓代工的世界龍頭台積電（2330），絕對是讀者最容易理解的代表範例。

台積電（2330）》堅持追求卓越，就能確保領先

　2019年1月17日，台積電法說會透露出對未來展望

保守的訊息,現場法人提問,「在創辦人張忠謀退位後,接任的兩位首長如何面對未來的挑戰?」

董事長劉德音反問:「現在的台積電有領先的技術、多元的客戶群、廣大的市場占有率,你同意嗎?」劉德音說的這 3 點,就是台積電最明確的護城河優勢。

這些優勢是建立在晶圓代工這個核心能力圈上,一年加上一年慢慢累積而成的護城河。當然,不代表台積電從此就會一帆風順。身為投資人,我們必須有所警覺,天底下所有企業,都有可能在未來遇到難關。

台積電也會遇到營運上的顛簸,例如 2018 年 8 月發生機台被病毒感染事件,還有 2019 年 1 月 28 日晶圓廠光阻原料受汙染,導致 10 萬片晶圓報廢事件,都造成了台積電的損失。但相對於競爭對手,台積電的競爭優勢仍舊十分強大,只要台積電追求卓越的文化屹立不搖,優勢就能持續維持。

另外像是大立光(3008)、儒鴻(1476),也滿足上

述定價力 3 個特徵，它們的共通點就是「新進競爭者難以進入，現有競爭者只能在倍感壓力的狀態下與它們競爭」。因此投資有定價力公司的股東，投資獲利將被這些公司的競爭優勢所保護。

類型2》品牌帶來的心智占有率

「技術領先」是「功能」上的差異化，「品牌」則能帶來「感覺」上的差異化。

當我們在談品牌的時候，主要分為兩種：一種是產品售價高、購買次數少的品牌，也稱為名牌；另一種是相對售價低、購買次數多的品牌。無論是哪一種，品牌的意義都在於給消費者的「正面體驗」，這就是感覺上的差異化。

當你接觸一個品牌，它會讓你感受到認同、喜愛這些正面情緒，且日後會讓你想去重新體驗這種感受，這個品牌就具備「品牌精神」。

品牌精神來自創辦人的核心理念，只要能把核心理念藉

由口號傳達給消費者，讓消費者產生一種直覺聯想的特定印象，那就等於擁有了「心智占有率」。這種心智占有率要達成 2 個條件：

1. 明確的口號。
2. 給消費者和口號相同的正面情緒體驗。

全家（5903）》App優惠服務，提升消費者體驗

例如全家（5903）的核心理念是「顧客滿意，共同成長」，打出來的口號是：「全家就是你家。」秉持這個理念，所以很多人都發現全家這幾年來的創新能力不斷提升，例如降低店面員工負擔的「全家科技店」，以及讓消費者能輕鬆消費集點，以優惠價格購買商品的「全家專用App」。

以往便利商店最大的缺點就是產品「售價比大賣場貴」，因為便利商店賣的是便利，而非優惠。但是在這個薪水微薄的小資時代，全家卻在 App 上面推出各種優惠，例如咖啡按照杯數打折，2 ～ 10 杯 82 折、30 杯 78 折加贈點數……，還能跨店寄杯，完全打中像我這種重度咖啡愛好

者；我雖然討厭被 App 的通知鈴聲打擾，卻也忍不住入坑使用它們的 App。

　　同時全家的 App 安裝非常容易，降低消費者的接觸門檻，這種看似簡單的流程其實完全不簡單，甚至在我的臉書粉絲專頁上，只要貼出和全家便利商店有關的文章，都會引來網友的熱烈和正面的討論；有網友甚至說：「全家是我的存貨倉庫。」這種讓消費體驗和口號合一，是非常不容易的。

全國電（6281）》「揪甘心」抓牢老客戶

　　全國電（6281）也一樣，其企業文化是「愛與關懷」，口號是「揪甘心」，關於這點我可是有個人體驗。有一次我需要買一台電腦，跑了 2、3 家 3C 賣場，每家店的店員都對我愛理不理的（我想應該跟我穿著拖鞋、短褲，且沒刮鬍子、頭髮凌亂的模樣沒有關係）。最後我到全國電子，店員對我非常的親切，讓我感受到很好的消費體驗，果然揪甘心。

　　當下除了買電腦之外，我回家做的第一件事情，就是所

有投資人都會做的事──看全國電的財報。

　我先查詢全國電的獲利能力矩陣等級，發現這家公司從 2003 年開始就是 A 級公司，到 2017 年合計 15 年 A 級以上，且年年都能發放 3 ～ 4 元的現金股利，即使是慘烈的 2008 年金融海嘯時，照樣配出 3.2 元的現金股利。

　我忍不住問自己為何會忽略這家公司？仔細一想，大概是老闆很低調的關係。人人知道全國電子，卻不知道老闆叫什麼名字，而這正是經營者身為內斂型給予者的特點。

　全國電子的創辦人及董事長是林琦敏，他的獨子林政勳在 2016 年接任總經理，第 2 代正式接班，我特別找了全國電的法說會影音檔，觀察林政勳先生，發現他說話非常真誠，對於未來的經營策略也採取一步一腳印的踏實方式，並不會自我膨脹，這幾點都是正面訊號。另一方面，也發現第 1 代老闆默默地用自己的投資公司增加了全國電的持股，這也是一個正面訊號。

　我再運用閒聊法，問了 2、3 位訪問過全國電子第 2 代

的記者朋友,朋友們的評價都非常正面,認為他是個精實、
靦腆、但是一談到經營策略就很有自信地侃侃而談的人;
這些資訊,讓我更有信心,將他歸類為「內斂型給予者」
的性格屬性。

以上舉例了兩個本土品牌,但讀者要注意,品牌沒有那
樣容易建立,它需要以年為單位的時間來培養,同時還要
有前後一致,毫不作偽的精神。

Nike》將不服輸的精神注入品牌形象

品牌精神來自創辦人的熱情,所以創辦人必須要處在他
的能力圈內,才會激發出巨大的熱情,替品牌注入真心誠
意的心智力量,然後帶動消費者感受到品牌的生命力。

例如運動鞋,基本上每款鞋子的功能差異並不大,但是
Nike 的創辦人菲爾·奈特(Phil Knight)具有強大、運動
員特有的不服輸精神,並且將此注入品牌力量。

早期 Nike 簽下「籃球之神」麥可·喬丹(Michael
Jordan)擔任代言人時,當時 NBA(美國國家籃球協會)

規定只能穿白色運動鞋，可是喬丹專屬的「喬丹一代」球鞋是黑紅色的，因此遭到罰款，每次穿上場就會罰款 5,000美元。但是喬丹還是穿著這雙鞋，打完整個球季的所有比賽（罰款是奈特支付的），Nike 甚至因此在廣告上對消費者說：「NBA 禁止球員穿，所幸 NBA 不能阻止你們穿。」

這種強大的「Just do it」精神，讓認同者感受到巨大的情緒力量，連帶擁有引以為傲的感覺，這就是品牌精神讓消費者願意埋單的原因。

這邊也要提醒，台灣不易有跨國的大型消費品牌，主要是品牌需要長時間的口碑（因為科技日新月異，主流產品汰換迅速，因此更換率高的電子消費品很難持續打造品牌）和廣大的市場認同；台灣腹地狹小，要打造出大型品牌並不容易。然而，台灣有多家公司，擁有高品質的技術領先代工能力，是非凡的競爭優勢，也是絕佳的投資標的。

類型3》強大的企業文化

能夠數十年屹立不搖、擁有亮麗表現的公司，都具備各

自特殊的護城河，張忠謀耗費 30 年心血，打造出技術領先的台積電；菲爾‧奈特耗費 40 年心血，打造 Nike 的品牌精神；那麼投資界的傳奇、擁有 50 多年不敗神蹟的波克夏（Berkshire Hathaway），其背後的護城河是什麼？

「以股東權益為重」的文化為波克夏護城河

勞倫斯‧康寧漢（Lawrence A. Cunningham）是波克夏的多年股東，他曾編纂過《巴菲特寫給股東的信》（The Essays of Warren Buffett）；康寧漢在他的著作《少了巴菲特，波克夏行不行？》（Berkshire Beyond Buffett：The Enduring Value of Values）這麼分析：

「首先人們會想：巴菲特是護城河嗎？不，巴菲特是打造護城河的經營者，但是經營者天年有限，所以巴菲特不能是護城河。

波克夏的重要事業保險業也不是護城河，保險業只是事業群之一，並非波克夏整體。波克夏的子公司和投資組合的股票雖能提高波克夏的財務實力，但是它們仍只是波克夏的一部分，它們也不是護城河。」

康寧漢教授做出了結論：「波克夏獨特的公司文化，才是波克夏的護城河。」這個論點可能會讓人感到疑惑，企業文化這種無形的力量會是護城河嗎？我一開始也很疑惑，但我在波克夏 50 週年的致股東信上，看到巴菲特所列出 5 項波克夏具備的競爭優勢：

　　1. 一些無與倫比的公司，擁有樂觀的經濟前景。

　　2. 一隊傑出的經理人，對子公司和波克夏極度忠誠。

　　3. 多元的獲利，頂級的財力和極度充沛的流動資金，足以應付任何情況。

　　4. 首選買家的地位，想賣公司的人往往會希望能賣給波克夏。

　　5. 我們花 50 年建立起來，堅若磐石的企業文化。

　　這 5 點就是巴菲特認定的波克夏護城河，其中「企業文化」就列在最後一點。

　　巴菲特深知企業文化的重要性，他經常引用英國前首相邱吉爾（Winston Churchill）所說的：「你造就了你的房子，你的房子造就了你。」來解釋企業文化的影響。

企業文化由創始經營者所打造，來自於經營者堅信不移的核心理念，柯林斯（Jim Collins）在著作《基業長青》（Build to Last）當中提到，「核心理念包含兩個區塊，一個是核心價值觀，另一個是公司的存在目的。」所謂的核心價值觀，是指就算公司不賺錢，也絕不放棄的想法。而存在目的則是公司已經很賺錢了，除了錢以外的貢獻為何？

波克夏的企業文化就是「股東權益為重」，而核心價值觀就是「公平」、「己所不欲、勿施於人」，我們可以在巴菲特寫的《股東手冊》（An Owner's Manual）中看到這無所不在的理念，以下節錄波克夏股東手冊部分：

「形式上我們是一家公司，但秉持的是合夥精神。」

「我們的董事將大多數個人財富投資在波克夏上，一如我們多數股東。如果公司經營不善，我們將自食其果。」

「我們可以保證，無論你在哪個時間與我們作伴，你的財富和我們的財富將完全同步波動，我們對占股東便宜的做法不感興趣。」

「我們用自己的錢不會做的事，也不會拿各位託付的資金去做。」

「我們希望提供有用的資訊，也就是如果我們和股東易位而處，也會覺得有用的資訊。」

「我們坦誠的和公司報告有意義的正反面因素，我們的準則是推己及人。」

上面你可以看到，這些敘述都反映了巴菲特公平的價值觀，這種價值觀可以帶給波克夏一群穩定又忠誠的股東，這對公司長期發展大有幫助。

也許有人會想：「好，巴菲特的確是對股東很公平，可是這樣對公司營運壯大有什麼關係？波克夏靠的是巴菲特高明的選股功夫啊！」答案在於：「正面的企業文化，能帶來良好的名聲，更進一步的提升優勢。」

巴菲特早期的確運用波克夏的資金，買入看好的股票，並透過投資組合的管理，讓波克夏的淨值往上推升，但是

波克夏還有另一個重要的營運區塊是「收購子公司」。

巴菲特是全世界最出名的撿便宜大師，就定義而言，他要買的公司，價格絕對是划算的。所以倘若有老闆要賣公司給巴菲特，老闆或者原股東豈不是吃大虧？因此，巴菲特後來提出的「合理價收購好公司」原則，也是為了公平的精神。

以合理價收購好公司，使集團更強大

巴菲特希望子公司老闆把自己的心血賣給波克夏的時候，會希望該公司老闆要留下來繼續經營。為了未來能持續順利營運，雙方一定要感覺公平。

所以巴菲特不能用便宜價買入好公司，因為對這公司的老闆和股東不公平，反過來想，如果巴菲特用昂貴價格買入，那麼巴菲特就對不起波克夏的股東，同時有損績效。唯一能皆大歡喜的方式，就是用合理價格買入，這就是公平的精神。

合理價的成本高於便宜價，表面上看起來不夠優惠，但

巴菲特卻因此得到更多的收購機會。許多年紀大的老闆為了省下遺產稅，或者希望有人能善待他的人生心血，往往會希望將公司託付給波克夏；因為他們知道，巴菲特不會像其他財務操盤手一樣，先把公司買下，「整理財報」後再出售。

公平收購的精神，讓波克夏集團更進一步的納入許多良好的子公司，使得集團更加強大。

那麼，現在如同巨大帝國的波克夏，已經名列世界500大的前10名（編按：美國《財星》（Fortune）雜誌每年評選營業額前500家公司，2018年波克夏位居第10名），波克夏的存在目的為何呢？

在2008年的波克夏股東會上，最後一位對巴菲特提出問題的股東問：「你對波克夏最殷殷切切地期盼是什麼？」巴菲特說：「我的期許，就是在20年後，如果某人有家耗費多年心血的好公司希望出售時，毫不猶豫地想到：**波克夏是值得託付的家。**」值得託付的家，就是波克夏的存在目的。

③-9 成果2》優良企業文化 引領內部向上力量

　　好的企業文化不僅能促成優良的營運成果，也能無形當中創造公司內部的優勢，大抵而言有 3 項好處：

　1. **找對人**：吸引適合的人加入，讓不適合的人離開。
　2. **凝聚力量**：讓全體人員都知道該如何採取正確的行為。
　3. **永續**：培養自身的接班人以傳承企業文化，達成永續企業。

　　「找對人」是成功的要素之一。所謂對的人，指的是適合公司文化的人，企業文化會讓適應者留下，並且排除不適合的人。如果你對一家公司文化不適應，肯定會有格格不入的感覺；反之，如果你非常適合這家公司，待起來就會如魚得水，讓你能大展身手。

收購子公司也一樣，這些子公司往往和波克夏的文化相
契合，所以能順利加入。只要找對了人、買對公司，就不
用花太多精神管理，因為對的人會自己管好自己。巴菲特
（Warren Buffett）向來不干涉子公司，因此他有著名的「分
權制度」；許多收購後的子公司都認為這仍然是自己的公
司，這種自主權大量的提升營運績效。

強大的企業文化具凝聚子公司力量

巴菲特僅每 2 年寫一次信給子公司經理人，要求他們維
持名譽和文化；而強大的企業文化具備看不見的強制力，
是一股能凝聚這些子公司的力量，如果有人做了違背企業
文化的事情，自然會被這股力量排斥。

大衛‧索科爾（David Sokol）曾經是巴菲特最倚重的
左右手，也是呼聲最高的接班人之一，他執掌中美能源公
司（MidAmerican Energy Company，現稱為波克夏海瑟
威能源公司（Berkshire Hathaway Energy）），同時還
擔任巴菲特的救火隊，哪邊有子公司出問題，他就前往救
援。但在 2012 年時，他建議巴菲特收購路博潤（Lubrizol

Corp）公司，他自己也事先買了這家公司的股票。這件事情若從波克夏（Berkshire Hathaway）股東的角度來看，像內線交易一樣不可原諒，所以當事件爆發後，索科爾自動請辭，巴菲特亦不慰留。

　　波克夏更執行了法律調查，雖然調查結果以法律定義來說不算內線交易（這算是提前交易的偷跑行為），但企業文化要求往往比法律更多、更仔細，這也顯示了波克夏的企業文化力量。

　　索科爾離開後，波克夏是否缺了一臂？答案是否定的。波克夏擁有眾多的人才，不會因為少了一人而受創。能力和索科爾不相上下的格雷格‧阿貝爾（Greg Abel）持續接掌中美能源公司；2018 年初，格雷格‧阿貝爾被升遷為波克夏副總裁之一，負責管理非保險部門的子公司，他現在被視為巴菲特的 5 個接班人之一。

　　「費雪 15 要點」的第 9 點是：「公司管理階層的板凳深度是否足夠？」重視的就是這一點，只要整體企業文化能培育出內部接班人，那麼就能創造出一家永續的企業。

了不起的公司並非完美無瑕的公司，而是屹立不搖的公司。屹立不搖的要素並非只倚賴一位強人執掌，強大的企業文化所培育出來的眾多人才，正如同康寧漢（Lawrence A. Cunningham）教授所說：「波克夏可以沒有巴菲特，但是波克夏的子公司不能失去波克夏精神。」

好公司出現「寄生模式」，就是賣出訊號

　　有了強而有力的企業文化，就算創辦人不在公司，接班的經營者只要持續地讓企業文化延續下去，公司的整體競爭力也不會改變。

　　當然，文化也可能被改變，一旦被改變之後，公司的經營能量就會迅速下降，最後營運轉差。如同巴菲特在 50 週年的波克夏致股東信裡的預先警告：「當我們失去非經濟特質的時候，我們也將失去經濟特質。」強大的企業文化怎麼會消失呢？有一種特殊的情況叫做「寄生模式」。

　　我們先前提過，「奪取者」會利用「給予者」的好心，寄生在給予者的資源上，無恥的賴著不走；這種模式在你

我的生活中，其實很常見，例如好手好腳卻不工作的啃老族、用情緒勒索壓榨另一半，或者野心勃勃想拿下經營權的可怕人物。

在《4% 的人毫無良知，我該怎麼辦》（The Sociopath Next Door）這本書裡面，描述了一個叫做史基普的高才華奪取者，此人充滿魅力，出類拔萃而且野心勃勃；但他是個無情的奪取者，娶了一位溫柔婉約的大家閨秀，目的是岳父大人背後的億萬身家和頂級企業。

此人能操控人的心理，奪取企業資源，使企業衰敗，但自身卻口袋滿滿，且沒人拿他有辦法。所以蒙格（Charlie Munger）經常說：「小心邪惡之人，如果你知道自己會死在哪裡，千萬不要去那邊。」這種「寄生模式」出現在原本優秀的企業時，這些企業的經營方式將會和過去不同，首先，過去打下江山的高階主管會紛紛出走，接著原本遵守的企業文化和口號都會消失，後續公司財報就會變差。

當投資人觀察到上述現象時，要做的就是賣出持股，因為這家公司已經和過去不同了；即使有可能維持舊有的護

城河優勢，但絕對無法再創造新的價值。除非奪取者離開，並且由原本文化塑造的員工重新執掌公司，才有回復往日榮光的機會。

擁護城河公司＝已完成「魯拉帕路薩效應」

我們前面說的所有因子：「人、能力圈、護城河」，這些要素基本上是彼此互不相關，最後加總起來卻能讓企業優勢極大化。蒙格對此現象有一個獨特的名詞解釋，稱為「魯拉帕路薩效應」（Lollapalooza Effect）。

很多著名的觀察家都會注意到這個現象，例如《賈伯斯傳》的作者華特・艾薩克森（Walter Isaacson）提到當年賈伯斯（Steven Jobs）開發著名的隨身音樂裝置 iPod 時，有一段這樣的描述：

「突然之間，所有元素就了定位、萬事俱備：有一個可以容納 1,000 首歌的晶片、輕易搜尋 1,000 首歌的介面，10 分鐘內傳輸 1,000 首歌的連結技術、一枚可以讓你聽 1,000 首歌的電池。大家彼此相望的說：這真的很酷。」

　　所有元素就定位，產生綜合效應，就是魯拉帕路薩效應的含義，因此蘋果當年 iPod 暴紅不是沒有原因的。

　　柯林斯（Jim Collins）在《從 A 到 A ＋》（Good to Great）裡面說的「飛輪效應」也是相同的概念，他說：「我檢視從優秀到卓越的公司轉型歷程，腦海中不斷浮現『調和一致』的字眼。無論你用什麼字眼來形容，基本概念都一樣：系統中的各個部分互相補強，形成了整合後的整體，其力量大過各部分的總和。」

　　本書認定，擁有護城河的公司，就是已經完成魯拉帕路薩效應的公司，這家公司領導人必須是內斂型給予者，才能夠理性、審慎、具備耐心又能群聚眾人，提高整體成就。他必須要進入能力圈之中，發現屬於自己的刺蝟原則，立下膽大包天的目標，遵守 SMaC 致勝配方（具體明確，條理分明而可被模仿複製、高度一致的成功方程式），才能打造護城河。

　　而護城河必須要有強大的財務實力，透過經營者明智的資本配置，深厚的企業文化，累積一層又一層的競爭優勢。

這些所有的因子表面上似乎互不相關，實質上加總之後的力量大過個體，使得公司產生魯拉帕路薩效應，讓競爭對手難以對抗。

所有的因素完全加總，才能成為具備強大護城河的公司。

接著，你可能會思考，我們要在怎樣的時間點才能買入這家公司呢？接下來的篇章，我們來談談市場心理學。

Chapter 4

提高勝率
掌握交易心理活化操作

利用市場心理誤差 操作3種買進策略

4-1

　　巴菲特（Warren Buffett）說過，投資只要學兩件事情：
如何評估一家公司和如何思考市場。

　　本書花了很多篇幅討論「如何評估一家公司」這件事情，
原因在於只要買到最好的內在價值成長股，就算你的交易
技術很差勁，你的報酬率也不會差到哪裡去，這是一種「條
件機率」的概念。如果你在上市櫃 1,600 多檔股票中，隨
機挑選 10 檔作為投資組合，和運用本書所提到的從 9 大
指標選股法，挑出 10 檔股票的投資組合相比，勝率當然
是後者較高。

　　不過，你可能會在很多書籍或網路文章看到相反的觀
點，它們會告訴你，當你買入高股東權益報酬率（ROE）

的股票、並持有 1 年，績效反倒很差，因為高 ROE 無法維持，但是本書讀者要知道的是：**內在價值成長股必定有高ROE；高 ROE 的股票未必是內在價值成長股。**

這兩者對一般人來說很容易搞混，所以你必須再多花一層功夫──運用質化分析進一步篩選，找出進入能力圈的經營者，觀察他是否為公司打造護城河，這就是克服量化分析缺陷的重要技術。

接著，投資人肯定會想：「這樣的公司股價應該都很貴，怎麼可能有機會買進？」答案在於：市場經常會產生心理誤判，而這種誤判帶來了買進機會。

參與股市的投資人，心理錯綜複雜；如果要用一句話來解釋市場心理最重要的成分，我會說，「投資人對於股價上漲反應不足，對於股價下跌反應過度。」

上漲是一種貪婪的力量，需要慢慢地醞釀，而內在價值成長股的老闆往往低調，低調的人往往會被眾人低估，所以股價反映內在價值的速度就更慢了。

而下跌是恐懼的力量，恐懼的力量會傳染。當市場發生不利的消息時，大多數的人往往會因為情緒恐慌而反應過度。如果這家公司的股價高、成交量低時，投資人因擔憂無法賣出股票導致損失擴大，就會出現連鎖恐慌性賣壓，讓股價進一步下跌。

當股價下跌時，鮮少有人關注內在價值，因為投資虧損的痛苦感受，遠遠大於獲利帶來的滿足感；這種「痛苦＞獲利」的心理機制，是一種生存機制，畢竟從遠古演化以來，人只要避開痛苦，生存率就會大幅提高，可是這個機制也容易造成投資人的誤判。

心理學最有趣的就是「當你知道它的效應，這個效應對你的影響就會減弱了。」所以冷靜、理智的投資人只要關注內在價值，一定程度上就可以避免心理損失的影響，然後再謹記「**投資人對上漲反應不足，對下跌反應過度**」這句話，就可以利用市場的心理落差來操作，大抵而言，有3種操作類型可運用：

1. 領先法人認同型：中型股到大型成長股。

2. 瞄準成長失望型：大型成長股。

3. 應對市場波動型：大型成長趨緩股。

領先法人認同型》趁概念股退燒時買進

成長股之父菲利普·費雪（Philip Fisher）在《買股致富》（Paths to Wealth Through Common Stocks）這本書裡提出了一種策略，就是搶先法人一步找出好公司的「法人認同股」。這種操作策略能夠賺到兩層利潤：一層是「內在價值的成長」，另一層是「市場評價的提升」。

符合這種策略的公司必定符合本書的條件，同時開始展露成長股的跡象，還要有一定程度的規模（中型股到大型成長股），才能讓法人納入候補名單中；當未來公司價值增長時，法人會為了績效壓力被迫買入該公司。只要投資人提早買入，就可以善用資金較少的靈活優勢，讓法人為你拉抬股價。

費雪舉了一個虛擬例子：如果有一家公司的第 1 年 EPS（每股盈餘）是 2 元，本益比 12 倍，股價就是 24 元；

公司持續成長，到了第5年EPS提升到4元，本益比不變，股價就是48元。這段期間，因為獲利提升，投資人就能賺到內在價值的成長。若之後受到法人認同，讓該公司的本益比提升到24倍，股價就會變成96元；這時候投資人就會賺到第2層的「市場評價的提升」，最早在24元買進的投資人，此刻帳面報酬率達300%。

個股市場評價提升的原因有很多，其中一個常見因素是所屬產業受到認同的「概念股」。如果市場剛好風行某種「概念股」，那麼這個族群的所有標的，本益比都會同時提升；而在這些族群之中，又可分為「短期熱門股」和「內在價值成長股」。

「概念股」會發燒也會退潮，當退潮的時候「短期熱門股」的股價會一蹶不振，因為這些個股並沒有強大的內在價值做支撐，如同前面說的「高ROE不見得是內在價值成長股。」

而「內在價值成長股」雖然短期也會下跌，但是下跌到一定程度，就會受到基本面的支持而撐住股價；再經過一

段期間，該公司只要持續地提升內在價值，股價就會在不那麼引人矚目的狀況下持續上漲。

因此這種類型的股票，有 2 次買進機會，第 1 次是在法人還沒發現之前買入，如果錯過這個機會，第 2 次的切入點就在概念股退燒時買入。

實戰範例》豐泰（9910）

Nike 運動鞋代工大廠豐泰（9910）的近年表現就符合上述情況。它是台灣中型 100 指數成分股、近 8 年來 EPS 持續提升，尤其在 2011 年到 2015 年可說是獲利年年成長（詳見圖 1）。

但是在 2011 年到 2012 年間，市場給予的評價並不高，本益比幾乎都在 10 倍左右，我們可以認定市場對於豐泰內在價值提升的反應不足。

2013 年到 2014 年，市場開始發現它的獲利提升之後，本益比也逐漸地拉高到 15 倍；到了 2015 年，馬拉松運動風潮興盛，「運動概念股」受到高度矚目，豐泰的本益

圖1 **豐泰2011～2015年EPS年年成長**
——豐泰（9910）EPS、年增率

資料來源：公開資訊觀測站

比也因此提升到 30 倍以上（詳見圖 2），股價最高來到
212 元（2015.10.05 盤中最高價）。

　　之後由於 Nike 調整北美的庫存和通路，加上豐泰被追
繳中國的移轉定價稅金，使得 2016 年的 EPS 微幅下滑到
6.67 元，年增率為 -6.19%。雖然獲利只有微幅下降，但
豐泰本益比在 2016 年到 2017 年初，下滑到 17 ～ 20
倍之間；尤其在 2016 年 11 月中旬和 2017 年 4 月初財

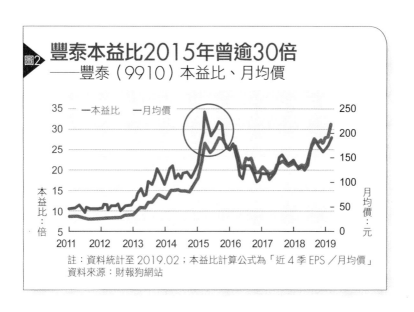

圖2 **豐泰本益比2015年曾逾30倍**
——豐泰（9910）本益比、月均價

註：資料統計至 2019.02；本益比計算公式為「近 4 季 EPS／月均價」
資料來源：財報狗網站

報公布後，都出現一波跌幅，股價分別出現 107.5 元和 110.5 元的波段低點。

　與 2015 年的股價高點 212 元相比，股價近乎腰斬，可以說是反應過度，我一度想買進，但又認為本益比不夠低，所以保持觀望。到了 2017 年 10 月，我發現它幾乎跌不下去了，因此開始買入，平均成本 138 元，買進本益比 20.9 倍，應用的買進策略就是「概念股退燒時買入」。

也許有人會想，前面 107.5 ～ 110.5 元的波段低點沒買到，為什麼用更貴的價格買入？只能說我原本期望它能跌得更低，但是市場不如我願，所以我決定不要對價格斤斤計較，而是先買再說。也因為買進本益比不夠低，所以我買進的部位，占整體投資組合比重相對較低。

　　我知道豐泰本身的研發創新能力卓越，隨著北美庫存調整完畢，未來公司的獲利也逐步提升。時間到了 2018 年，截至豐泰第 3 季的近 4 季累積 EPS 已經達到 7.42 元，勝過 2015 年全年 EPS 7.11 元，若與前一年度同期相比則為成長 18.91%（2017 年第 3 季近 4 季累積 EPS 為 6.24元）。

　　我在 2018 年 10 月初以平均價格 188 元出脫，賣出時的本益比約 25.3 倍，因為我認為這個階段的本益比已經處於相對高點，所以獲利了結。

　　這筆投資持有接近 1 年，期間還領了 5 元現金股利，股利加上價差的報酬率有 39.8%；雖然沒有買在最低點，且賣出之後股價還上漲到 202 元以上，但是整體的報酬率已

經令我滿意。

請注意，像豐泰這樣的股票，過去的本益比高點成了現在的本益比低點，那麼「觀察歷史本益比」還有意義嗎？為避免誤判，我們不能「過度遷就」歷史本益比。2011年的時候，豐泰本益比才 10 倍左右，但是受到法人認同後，再也沒有跌到 10 倍的位置；如果一心只想用過去的 10 倍本益比當買點，就會一直找不到買入的機會。

即使是最好的公司，獲利也可能有某幾年出現下滑。如同豐泰在 2016 ～ 2017 年的 EPS 微幅下滑，而投資人往往對此有過度反應，造成股價急速下挫。

真正了解公司的投資人，只要反群眾心理，在本益比相對低點買入、相對高點時賣出，就能從中得到足夠的投資報酬率。要知道，本益比不是一種完美的指標，但是它可以反映市場評價，只有「過度遷就」歷史本益比才會讓投資人判斷錯誤。

當一家公司的規模提升、價值穩定，且被納入法人觀察

和買進的名單後，歷史本益比的高低點就會和過去不同，除非此後整體競爭力出了問題，不然本益比很難回到過去的低點。所以投資人要衡量當下的情況，調整自己的買進策略。

投資人會有的另一個疑惑就是，如果我沒有領先法人，市場已經發現它了呢？那麼你可以跟我在這個案例的操作一樣：等市場退燒再買入。

補充說明一下，我最早關注到豐泰的時候，大約是2014年12月股價約90元上下時。那為何我當時沒買進呢？因為那個時間點可是起漲點，之後2015年股價最高漲到212元。由於當時我對豐泰的了解不夠深入，所以遲遲沒買入，雖然因此錯過了一波漲幅，但如果沒研究就買入的話，操作起來也會不踏實，所以錯過一波漲幅也沒關係，本來就沒人能掌握到所有賺錢機會。

豐泰這個標的是我等了好幾年之後才買入，這種等待我一點都不介意，因為在等待的同時，可以把資金投入其他有吸引力的標的。

瞄準成長失望型》趁市場過度反應時出手

當我在 2012 年底試圖找出最符合「費雪 15 要點」的公司時，最早找到的就是大立光（3008）；絕大多數的一般投資人不會操作這檔個股，主要是大立光的股價太高，成交量又低。

實戰範例》大立光（3008）

但是大立光是標準的內在價值成長股，大立光近 8 年來 EPS 大幅提升，2011 年 EPS 為 38.76 元，2018 年成長到 181.67 元（詳見圖 3），成長逾 3.68 倍，平均以每年將近 25% 的幅度增長，相當驚人。

同時，因為大立光有著股本小、股價高、成交張數相對少的特性，所以投資人如果不是抱著長期持有的心態，一旦遇到股價大幅波動，以及一些市場負面消息，就很容易驚慌失措。

而最常打擊大立光的市場消息就是「蘋果 iPhone 手機賣不好」，例如我回去看自己的資料庫，發現 2015 年底的

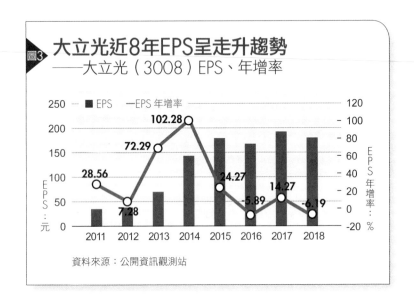

圖3 **大立光近8年EPS呈走升趨勢**
——大立光（3008）EPS、年增率

250 ━ EPS ─EPS 年增率 120

102.28

72.29

28.56

24.27

14.27

7.28

-5.89

-6.19

EPS：元

EPS 年增率：%

2011 2012 2013 2014 2015 2016 2017 2018

資料來源：公開資訊觀測站

新聞都是 iPhone 6S 賣不好，2018 年初則是 iPhone X 賣不好，我每次看到這樣的新聞都覺得，只要把 iPhone 的名稱改一下，前幾年的新聞稿就可以重發了。

因為法人熱愛的是有短期爆發力的股票，所以只要成長力下滑，就會出現股價反應過度。雖然 2016 年和 2018 年大立光的 EPS 年增率都是負的，但僅微幅下滑 5% ～ 6% 左右，2018 年本益比更從前波的 30 倍大跌到將近 15 倍

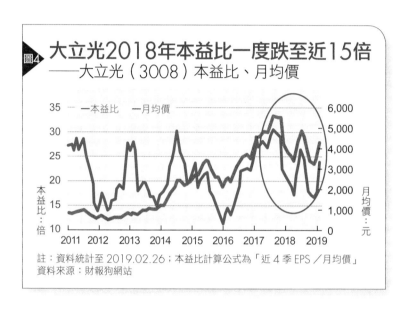

圖4 大立光2018年本益比一度跌至近15倍
——大立光（3008）本益比、月均價

註：資料統計至2019.02.26；本益比計算公式為「近4季EPS／月均價」
資料來源：財報狗網站

（詳見圖4），反映了本篇所説的「反應過度」心態。

我們可以運用這種「對成長失望」的心態轉換成操作策略。方法很簡單，只要大立光跌到歷史本益比低點，加上新聞出現類似「蘋果不甜」、「蘋果光黯淡」這類標題，就等於構成了我的買進條件。

由於我對這家公司非常熟悉，所以每次我都這樣來來回

回的波段操作，每次獲利經常在 30% ～ 40% 左右。每次
持有時間視狀況而定，有時候 6 個月多，有時候超過 1 年，
主要看當時股價是否反映內在價值，或者當下是否想把資
金轉換到其他標的操作；無論如何，我都對這樣的報酬率
非常滿意。這檔股票是讓我目前為止的投資人生獲利最多
的標的，也是占我投資組合最大的標的。

應對市場波動型》趁每年大跌時買入

最後一種類型是只看整體的股市波動，在每年大跌的時
候買入。最符合的就是台股權重之王台積電（2330）。

實戰範例》台積電（2330）

台積電是台股權重最大的個股，也是外資最愛的標的之
一，可找到的報導資料豐富，所以本書也用了許多篇幅來
當作分析案例。

台灣只是個擁有 2,300 萬人的小島，能醞釀出如此強
大的地位，台積電的創辦人張忠謀功不可沒。台積電屬於
大型成長股，2017 ～ 2018 年成長幅度雖然趨緩，但以

圖5 台積電2012年起EPS年年成長
——台積電（2330）EPS、年增率

資料來源：公開資訊觀測站

如此龐大的企業，能有這樣的成長表現，仍可說是相當驚人。2011 年 EPS 是 5.18 元，到了 2018 年已經提升到 13.54 元（詳見圖 5），獲利足足成長 1.61 倍。也因為台積電的競爭力強大，又占台股最大權重，很難出現法人誤判的狀況，使台積電本益比常處在 14 ～ 18 倍的區間之中（詳見圖 6）。

操作台積電的模式真的非常簡單，只要等待每年市場大

圖6　台積電本益比多在14～18倍
——台積電（2330）本益比、月均價

註：資料統計至 2019.02.26；本益比計算公式為「近 4 季 EPS ／月均價」
資料來源：財報狗網站

幅波動，投資人普遍對市場悲觀的時候，就可以買入了。
因為台積電的股本實在太大，所以股價不太可能出現大幅
度偏離基本面的高點，因此你的持有時間最好要長一點；
如果你的買入點是剛好遇到 2011 年的歐債危機，或者
2015 年的股市大回檔，那麼持有 3 ～ 5 年之後再出場，
就可以同步取得價值成長和市場評價兩層獲利。

④-2 打破操作迷思 耐心等待進出時機

豐泰（9910）、大立光（3008）、台積電（2330）這 3 家公司的賣出策略，最大的差異就是本益比高點的不同，前兩者可以在本益比接近 25 ～ 30 倍賣出，但是台積電規模太巨大，鮮少有本益比接近 20 倍的情況發生，所以要在歷史本益比高點賣出。

這 3 家公司的規模差別在哪？很多人看規模很喜歡用股本來看，不過我通常不看股本大小，我比較重視資產規模和獲利的額度，以 2018 年的財報來看，這 3 家公司的規模如下：

◎豐泰：總資產約 342 億元，年度稅後淨利約 52 億 6,200 萬元。

◎大立光：總資產 1,326 億元，年度稅後淨利約 244 億元。

◎台積電：總資產約 2 兆 901 億元，年度稅後淨利約 3,511 億元。

股本大小會影響 EPS（每股盈餘）和股價高低，如果兩家公司內在價值成長的速度差不多，那麼股本小的比較容易上漲，所以賣出本益比可以設定高一點。

從表 1 可以看到台積電的股本高達 2,593 億元，所以它的稅後淨利雖然最多，但是 EPS 不是最高。我們用這 3 家具差異的公司來做 3 種買進策略的代表案例，是要說明你的操作策略不可像機械一樣僵化（例如堅持在某個固定本益比賣出），而是要針對標的的不同做出靈活的調整。

操作迷思1》有量才會上漲？
解答：好股長抱，成交量必然不高

請注意，絕大多數的內在價值成長股，每日成交量很可能相對低（但不代表成交量低就是內在價值成長股）；因

台積電稅後淨利最大，EPS卻非最高
表1 ——3公司2018年資產規模與獲利表現

股名／股號	資產（萬元）	稅後淨利（萬元）	股本（萬元）	EPS（元）
豐泰（9910）	3,419,101	526,274	667,940	7.88
大立光（3008）	13,264,842	2,436,953	134,140	181.67
台積電（2330）	209,012,804	35,113,088	25,930,381	13.54

註：資產、稅後淨利、股本四捨五入至萬元　　資料來源：公開資訊觀測站

為這些公司想找的是長期持有的股東，既然是長期持有，
買賣次數就會相對少。如果股東最少持有1年，那麼1年
只買賣1次，成交量肯定很低。大眾市場厭惡成交量低的
股票、喜歡成交量熱烈的股票，美其名是「有量才會上漲」；
但是這些熱中買賣的股東不會長期持有，只會造成股價大
幅波動，對於穩定股價價值沒有幫助。

　　如果一家公司的老闆喜歡股票的成交量熱絡，他肯定不
會善待股東，因為走了一批舊股東，還會來一批新的股東，

對老闆來說股東就只是一群陌生臉孔；而不會善待股東的老闆，必定不會好好經營公司。

重視成交量是一種迷思，真正合理的股價既非多數人決定，也非少數人決定，最終是由內在價值決定；只要一家公司的內在價值持續成長，獲利持續提升，股價就會上揚，這段時間的成交量根本不是重點。

操作迷思2》獲利下滑代表競爭優勢不再？
解答：再好的公司也會偶爾有EPS下滑狀況

再來要知道的是，即使是最好的公司，也有可能有某幾年 EPS 下滑，如同豐泰 2016 ～ 2017 年的 EPS 表現，還有大立光在 2016 年和 2018 年的表現一樣，這種獲利微幅下滑是一定會發生的。只要公司整體符合本書的研究，而且競爭優勢仍然持續，那麼一時獲利降低根本不用擔憂。

一般投資人會對獲利下滑反應過度，因此造成股價急速下挫，出現了一定程度的安全邊際。而真正了解公司價值的投資人應該要善用市場心理，在大眾沒發現這些好公司

之前的相對低點買入，當大眾熱烈買進時的相對高點反向操作賣出，就能從中得到足夠的投資報酬率。

關於等待買點，巴菲特經常説一個比喻：「泰德・威廉斯（Ted Williams）寫了一本書叫做《擊球的科學》（The Science of Hitting），裡面有一張圖片，是他把打擊區劃分為 77 個棒球大小的格子，然後等球落入『最佳』的擊球點才揮棒。因為去打那些落入『最差』擊球點的地方，打擊率會大幅下降。投資的訣竅就是站在場上觀察，等待那個在你最佳擊球點的球，如果別人説你快揮棒啊？別理他們！」

善用市場心理，牢記投資人「對上漲反應不足，下跌反應過度」，以及「77 格打擊點」的比喻，你的擊球率就會大幅提升。

除了市場心理之外，下一篇文章還有一些投資備忘錄要提醒大家，這也是我經常提醒自己，避免遺漏的重要事項。

4-3 牢記4項投資備忘錄 嚴守紀律、戰勝心魔

近幾年來，我一直持續大量且反覆的閱讀，除了投資界大師的經典著作，我也從企業管理、應用心理學領域等書籍，汲取前人的智慧，這些閱讀經驗，深化了我對好公司的分析能力，也讓我得以應用在實際的投資決策，為我帶來滿意的報酬。

我在本書詳細說明了如何篩選出好公司、好公司是否擁有強大的護城河，並且提出了投資人進場的機會。但是，許多人在實際交易時，仍然會感到恐懼、不確定；我想，最好的方法，就是強化自己的心理素質，遵守投資紀律。以下是我給讀者的 4 項投資備忘錄，分別是：

1. 拒絕短進短出。

2. 注意市場循環。

3. 思考風險和決策品質。

4. 獨立思考。

拒絕短進短出》摩擦成本會啃蝕報酬率

股市有一種誘惑力,它會刺激你的情緒,引誘你短進短出、頻繁交易,即使是投資大師也不例外。菲利普·費雪(Philip Fisher)早期也一度面臨這個狀況,當時他操作順利,短線交易了3次都獲利,聽起來相當不錯?但是之後他卻放棄做短線,原因是:

1. 短線運氣成分居多,成功3次後,第4次通常會虧損。

2. 短進短出的報酬和風險比值不如長期持有優渥,甚至是微不足道。

3. 短進短出讓他沒時間做個股研究,而研究是非常重要的工作。

費雪認為,找出內在價值成長股的成功機率是90%,而短線交易成功的機率60%就算高了。如果短線成功

3次,第4次的成功機率就下降到剩下12.96%(=0.6×0.6×0.6×0.6),成功率實在太低,虧損率則太高了。

連續4次找出成長股的勝率還有65.61%(=0.9×0.9×0.9×0.9),比賭短線的成功率更高。所以拿高達65.61%正確率的選股策略,去換只有12.96%獲勝率的短線交易策略,實在是非常的不划算。再加上獲利和虧損之間還具備著「不對稱性」;虧損50%要靠獲利100%才能賺回來,所以盡可能審慎投資,避免失敗才是最重要的。

在美國,若採取短線交易,還會面臨一個最大的問題,就是美國有「資本利得稅」。所謂的「資本利得稅」就猶如台股的證券交易所得稅(以下簡稱「證所稅」),你投資獲利的錢要繳回部分給政府。

以2018年的稅制為例,美國投資人持有1年內的短期資本利得,併入個人所得課稅;持有超過1年且達到課稅標準,則按金額課徵15%或20%。

　　至於公司要繳的則是營利事業所得稅，巴菲特（Warren Buffett）在 2000 年波克夏（Berkshire Hathaway）年報的致股東信中說過，「波克夏的營利事業所得稅是 35%～40%，股息所得稅是 14%。」這代表巴菲特每做一筆交易，就要繳交 35% 的獲利給政府，我們來看看這樣的重稅有多大的影響？

　　◎如果巴菲特的稅前報酬率是 100%，那麼稅後報酬率就是 65%。

　　◎如果巴菲特的稅前報酬率是 50%，那麼稅後報酬率就是 32.5%。

　　◎如果巴菲特的稅前報酬率是 30%，那麼稅後報酬率就是 19.5%。

　　對投資有概念的人都知道，年化報酬率只要差 1～2 個百分點左右，最終的影響非常巨大，更何況是 35% 的重稅（2018 年美國實施稅改，波克夏適用的稅率已降至 21%）。所以如果你短進短出，獲利扣除稅金之後，報酬率就會顯著下滑。這也解釋了很多美國投資大師認為大盤很難打敗的原因，因為稅實在太重了，這種巨大的摩擦成

本將吃掉你的報酬率，導致報酬率和風險相比不如長期投資划算。

　相較之下，台灣股市還是比較輕鬆的，因為一般投資人不用繳資本利得稅，但若是法人則必須繳 20% 的營利事業所得稅。所以假如巴菲特是台灣人，他應該會用自己的個人帳戶投資，而他的實質報酬率肯定會更加的驚人。

　雖然台股沒有證所稅，但是把時間花在交易上，不如花在精熟投資策略上，如同費雪說的：「我們大多數的人應該以投資人自詡，而非交易員。」更何況智慧型選股能隨著經驗提升績效，找到成長股的勝率可能提高到 95% 以上，這種在技術熟練後判斷速度能更快，所以巴菲特經常開玩笑的說，他下決定只要 5 分鐘。即使我們不是巴菲特，但每研究一家成功的企業，你的能力圈就會更加深化，讓知識如同複利一樣累積，讓你的每分每秒努力都變得值得。

注意市場循環》掌握關鍵時機，把小錢放大

　我們在前面的章節有提過台灣加權股價報酬指數，且得

出的結論是「股市總是上漲，所以要避免短進短出。」雖然如此，但不代表股市沒有崩盤。台灣加權股價報酬指數自 2003 年開始編製，時間沒有涵蓋所有的台灣股市歷史，所以統計上沒有包含 1988 年證所稅事件、1990 年波斯灣戰爭、1996 年台海危機和 2000 年的網路泡沫化；這些重大事件都造成了大幅度的崩盤，而很多投資人都沒經歷過崩盤，他們的投資經驗中沒有這段經歷，對未來的判斷就會有落差。

上漲的股市會讓人失去戒心，如果你是 2009 年後才進入股市的人，你經歷的就是持續上漲，雖說股市總是上漲沒錯，但大幅度的循環必定會產生，只是我們不知道是哪個時間點。

雖然 2009 ～ 2018 年間股市也有波段下跌，但下跌幅度和 2008 年慘烈的金融風暴相比根本不算什麼，而 2019 年的現在，大多數的人早就忽略了金融海嘯的衝擊。

投資大師霍華‧馬克斯（Howard Marks）在他的著作《掌握市場週期》（Mastering the Market Cycle）裡，用一張

圖恰如其分的說明了股市內在價值與市場循環的關係。從圖1我們可以看到中間有一個代表內在價值的斜線隨著時間持續上升，也可以看到代表股市的曲線會出現超漲、超跌的現象。而優秀的投資人不會忘記循環，會隨著觀察循環的狀況，調整手上現金和股票的比重，讓自己的優勢在循環之間不斷累積。

但要如何觀察循環？霍華・馬克斯在《掌握市場週期》裡面提過：

「牛市的 3 個階段：1. 少數敏感的人相信情況會好轉；2. 多數人了解情況真的好轉；3. 每個人都認為情況愈來愈好。熊市的 3 個階段是：1. 少數有眼光的人發現，多頭無法持續；2. 多數人發現情況開始惡化；3. 每個人都認為情況只會愈來愈糟。」

牛市和熊市的 3 個階段就是「上漲反應不足，下跌反應過度」的市場強化版。因為大多數的人總是會認為眼前的趨勢會持續延續下去，無論是情況愈來愈好或者是愈來愈糟，這種觀點背後有兩個心理因素影響，一個是「不確定

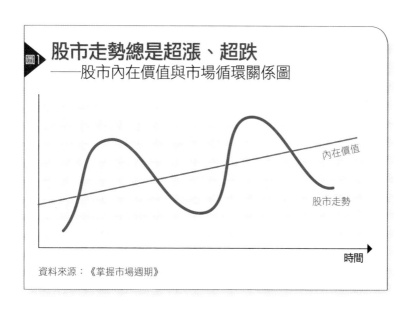

股市走勢總是超漲、超跌
——股市內在價值與市場循環關係圖

內在價值

股市走勢

時間

資料來源：《掌握市場週期》

性」，另一個是「社會認同」。

　　無論股市的走勢，或者未來的經濟情況，兩者都是不確定的。而人性討厭不確定性，所以會下意識的尋求他人意見，這種尋求意見的行為就是用「社會認同」，來消除心理上的不確定性。

　　但是社會認同不見得是對的，因為其他人也正在尋求社

會認同，最後所有人一起做出錯誤行為，所以巴菲特才會說：「大多數人犯的錯誤就是：別人這樣做，所以我們也這樣做。」

保留備用資金，市場崩盤成了獲利時機

為了避免被社會認同影響，你必須獨立思考，同時你也不用預測未來，你只要知道循環會發生就好。股市循環的終點就是大盤暴跌，暴跌會產生心理衝擊，但是對有「避震器」的人來說，衝擊不是傷害，而是機會。

所謂的避震器就是你的資金，包含：生活緊急預備金、低檔的投資資金，還有要避免負債讓你無法充分投資。只要你做好完善的避震準備，崩盤不會傷害你，反而會變成讓你獲利的關鍵時機。

我們先前說過，複利的因子有 3 個：「本金、時間、報酬率」，而時間因子有一種特殊的性質，就是人生中的「關鍵時機」。只要你能夠掌握關鍵時機，在本金略少的狀況下也能得到極高的報酬，如果本金充沛更能得到超越他人的報酬率。

巴菲特至少有兩次精彩的時機交易，兩次他都準備了巨大的避震器，例如他在 1973 年股市還沒下跌之前，替波克夏籌資 2,000 萬美元的固定利率債券，其一理由是為了再下跌時有更多的子彈；其二是因為他知道如果大跌時刻是無法籌資的。

接著，他用 8% 的固定利率借到錢（當時的通貨膨脹率是 12%），之後不僅利率上升，甚至還有可能借不到錢，所以連銀行都忍不住寫信佩服他說：「你抓住的時機真是完美。」而後 1974 年股市大跌，巴菲特毫不客氣的大買特買股票，他比喻為：「你可以用葛拉漢（Benjamin Graham）的價格，買入費雪的股票」。當然，沒有準備好的人是做不到的。

另一次是在 1987 年，美國道瓊工業指數先出現驚人的 44% 漲幅，巴菲特在 10 月 12 日左右賣出大多數的投資組合，只留下他認為的 3 檔永恆持股（蓋可保險公司（GEICO Corporation）、首都城市／美國廣播公司（Capital Cities/ABC, Inc）、華盛頓郵報公司（The Washington Post Company）），巴菲特的朋友認為這是

「全部出清持股」的命令。

當巴菲特賣出股票轉換為現金之後，10 月 16 日道瓊工業指數先跌了 108 點，之後於 10 月 19 日再跌 508 點，跌幅高達 22.6%，是歷史上著名的驚人跌幅，從此 1987 年 10 月 19 日被稱為黑色星期一，許多人的財富都蒸發掉了，但巴菲特保留了充沛的現金；在隔年 1988 年到 1989 年之間，巴菲特投入了 10 億美元大買可口可樂（Coca-Cola），成為他的著名投資案例之一。

也許你會想：「那是巴菲特啊！我們一般人怎麼做得到？」實際上一般人只要透過歷史學習，要辦到也不難。我初入股市是在大學四年級、於 2002 年，隔年發生 SARS 危機，股市一攤死水，但是當危機過後，股市立刻大漲；當時我雖然想買股票，無奈剛畢業，手上資金不足，只能錯過行情。

我牢記這些經驗，當同年齡的人把薪水花在買車和旅遊的時候，我努力存錢和投資。2008 年金融風暴發生時，我當時既無負債，手上也有半年的生活費當預備金，同時

還有正職和兼職的收入，因此我每個月都有資金可以買股票；掌握這波機會，讓我的財富大幅提升，從此能夠掌握更多的機會。

上漲時累積現金，下跌時累積股票

時機是極端重要的一件事，因為你可以趁機打出一記全壘打。但崩盤對某些人是厄運，因為他們可能會因為各種因素被迫賣出股票，例如負債，或者借錢投資。如果你發現一記好球，卻沒有足夠的資金來打擊出去，那麼投資績效就會跟持續揮棒、短進短出的投資人成果一樣糟糕。

真正優秀的投資人絕對是做好準備的投資人，他們會在上漲時累積現金，下跌時累積股票，在循環之間累積優勢。面對未來的不確定性，你不用預知未來，而是要創造自己的未來。

思考投資決策》衡量低風險組合是否勝大盤

當我們運用本書的方式投資時，投資組合最終會形成集中投資的形式，這是一種很自然的狀態，因為好公司本來

就很少。有人可能會認為這種投資組合，倘若報酬率高，肯定會付出較大的風險，而財經教科書也會告訴你，應該運用多種互不相關的資產來對沖風險，宣稱這種「資產配置再平衡」的策略，可以取得「調整風險後的報酬率」，意指在相同的報酬率下，風險較低。

風險是指「虧錢的機率」，而非「波動性」

但是教科書把「風險」錯誤的定義為「波動性」，因為實際上風險應該是指「虧錢的機率」。在《十倍勝，絕不單靠運氣》（Great by Choice）這本書裡面，更進一步的按照風險的嚴重程度來分類，大抵而言有 3 種：

◎**死亡風險**：可能重創或者毀滅，例如借錢投資或使用大幅度槓桿。

◎**非對稱風險**：潛在的負面後果大過正面效益，例如高價買入股票。

◎**不可控風險**：面臨到難以管理或掌控的事件或衝擊，例如買入後基本面轉差。

風險和報酬不是線性關係，高風險不見得高報酬，只是

高風險經常會用高報酬來包裝，引誘投資人進場；低風險也不見得低報酬，因為真正優秀的投資決策都是相對低風險決策，只要沒有死亡風險，降低非對稱風險，設法減少不可控風險，那你的決策品質都是優秀的。如何衡量決策品質？《十倍勝，絕不單靠運氣》把風險類型和決策合併，用來定義這兩者的高低關係：

◎**低風險決策**：沒有上述 3 項風險（死亡、非對稱、不可控）的決策。

◎**中風險決策**：沒有死亡風險，但有非對稱風險或不可控風險。

◎**高風險決策**：有死亡風險，或有另外兩項風險合併發生。

真正優越的投資組合，是找出「互不相關且生產力卓越」的資產，且把大多數決策都鎖定在「低風險決策」或「中風險決策」的區間；以這種方式投資，才真的是用較低的風險，獲得調整風險後的報酬率。

如果你所有的投資決策都是低風險決策，那麼你就有很

高的機率達到巴菲特說的：「投資第 1 條規則：不要賠錢。第 2 條規則：不要忘記第 1 條。」

把風險、決策、市場心理還有景氣循環這些概念合而為一，整體的操作觀就出來了；而衡量你的投資績效優越與否，就是長期下來，你的低風險投資組合表現是否比大盤好。

獨立思考》減少使用網路，保持專注力

獨立思考就是「獨自思考」，投資如同下棋，你在面對自己的棋盤時，不會去問旁人的意見，你在下投資決策的時候也一樣，不應該去理會他人的意見。所以理想的決策機制，就是獨自坐在書房，拉下窗簾，關掉音樂，在安靜的狀況下仔細的思考你的投資決策，而你的對錯，將忠實地反映在你的報酬率上。

投資界高手眾多，和高手交流可以提升你的眼界，我過去也很著迷於和眾多的投資高手交流，但是近年來我傾向獨立作業，減少和他人交流。

在 10 幾年前你很難有機會和真正優秀的投資人接觸，我自知非金融科系出身，產業工作經驗也不夠豐富，更沒在金融體系工作過，可以說是外行人，因此我知道必須要持續學習。

後來的網路部落格興起的時代，很多人樂意分享精闢的文章，我也從中學了不少，且也隨著臉書（Facebook）和網路社群興起，能得到的資訊更多了，但是資訊品質卻轉差了。

原因為何？主要是每位投資人都有他自己的一套做法，但別人的方法不見得適合你，甚至很可能和你的投資風格產生衝突；再來是現在的社群資訊太過片段，且在文章的標題命名上容易刺激你的情緒，因此你得到的是零散與缺乏系統的資料，在失去平靜的情緒、消耗腦力的同時，思考的成果必然轉差。

所以我有意的減少網路使用的時間和次數，以保持我的注意力，反而採取舊式的方式蒐集訊息，包括：閱讀《商業周刊》、看公司年報和財報、看法說會影音檔，自己做

一下筆記、寫信給上市公司發言人（這也是閒聊法的一種）……等，我發現這樣的方法非常有效。

可能有人會想，這樣不是閉門造車嗎？閉門造車和閉關修練最大的差別就在於「你是否有一個優良的典範」。

我的典範就是巴菲特，我花非常多的時間研究他的想法和做法，從中汲取有用的部分（且絕大多數的部分都很有用）。過程當然辛苦，但只要你有足夠的自我要求，逐步地提升自己的能力，不斷的跟你的典範學習，那你進步的速度就會很快。

如同《刻意練習》（Peak）這本書所說的：「進步最多的人，幾乎是獨自練習時間最多的人。」

本書所提的許多觀念，很可能和你接收到的一般投資訊息不同，但本書並非刻意不同，而是堅持站在自己的能力圈之內。

一定程度上，我就是我的讀者，這本書有很大的成分是

寫給自己的備忘錄。如果能讓你感到認同,我會很高興,倘若無人認同,那也無妨。如同價值投資的名言:「你是對是錯,跟他人是否認同一點關係也沒有,你的對錯只跟你的資料與邏輯正確與否有關。」

即便如此,我仍然有目標和夢想,我的目標就是希望能仔細的傳達我想說的觀念,我的夢想就是希望某個需要這本書的人能夠確實地翻閱本書。

我熱愛的西洋棋王卡斯帕洛夫(Garry Kasparov)在他的著作《深度思考》(Deep Thinking)裡所說的:「機械沒有目標,只會按照指令行動。機械不會做夢,但是人有夢想。當我們失去了目標和夢想時,我們也跟機械無異。」

期望目標和夢想皆能順利達成。

模仿優良典範
躋身成功價值投資者

前言是寫給還沒看書的讀者，後記則是寫給已經看完書的讀者。根據過去讀者給我的回饋，發現有些讀者滿喜歡我的後記，所以這篇，就當成是我和讀者的閒聊版面。

企管大師詹姆‧柯林斯（Jim Collins）說過：寫書的第 1 階段感覺相當新鮮，最後階段則會讓你心力交瘁。我至今寫了 4 本書，每次都經歷這樣的循環，要不是有許多忠實讀者的支持，還真難完成這段和字數搏鬥的過程，尤其本書字數高達 9 萬 5,000 多字，是我目前寫過字數最多的一本書。

這本書是一本寫給「質化分析」投資人的書，由於這類投資人是少數，我可以預見適合這本書的讀者會很少。有

人說過：「價值投資是一種血統，認同的人 5 分鐘內就會認同；不認同的人，看了再多的證據也不信。」

質化分析也一樣，這是一種血統，它不是一種適合「所有人」的投資法，而是只適合少部分的投資人。你必須是個內斂型給予者，同時能力圈要落在質化分析這個領域，才能了解和運用。如果你對本書的內容有許多的共鳴感，那這本書就是適合你的書。

看完這本書後，也許有人會說：「質化分析的工作這樣辛苦，為什麼不投資指數型基金就好？連股神巴菲特（Warren Buffett）都推薦投資指數型基金。」好問題。在思考巴菲特為什麼推薦指數型基金之前，我們要先想一件事情：「如果巴菲特辭世會如何？」

巴菲特預先幫股東們準備好的事

巴菲特生於 1930 年，如今（2019 年）已經高齡 89 歲，對於眾多的波克夏（Berkshire Hathaway）股東而言，倘若巴菲特辭世，不僅失去的是一個偉大的精神領袖，更擔

憂未來波克夏能否再創佳績。

但是股東們不是第 1 次失去巴菲特，巴菲特曾經創立合夥事業投資公司，並且在 1969 年解散，而它的股東們賺了 15 倍的獲利，怎能忍受巴菲特離他們而去。

根據《雪球：巴菲特傳》（The Snowball:Warren Buffett and the Business of Life）的紀錄，有些股東會半夜打電話給巴菲特，希望巴菲特能繼續幫他們操盤；有些股東是單親媽媽，她們被男人騙過錢，所以只相信巴菲特。對於有責任感的巴菲特來說，他不能一走了之，所以合夥事業解散的時候，巴菲特提供了股東以下的選項：

選項 1》領合夥事業持有的股票：包含波克夏和多元零售……等公司，和巴菲特站在同一邊。

選項 2》領現金，自行管理：包含自己投資。

選項 3》領現金，投資債券：當時巴菲特還寫了一篇債券投資的指南。

選項 4》領現金，改給其他基金管理人投資：當時巴菲特推薦紅杉基金（Sequoia Fund）的比爾‧魯安（Bill

Ruane）。

但過去的合夥事業只是解散，倘若巴菲特辭世，波克夏股東們將會永久的失去巴菲特怎麼辦？巴菲特可是人稱「奧馬哈先知」（奧馬哈為波克夏公司總部所在地），他做好準備的功夫絕對是領先所有人；我肯定，他會思考這個和解散合夥事業很相近的情況。

既然如此，波克夏的股東們將來勢必面對 3 種決策情境：

1. 繼續保留波克夏的持股。
2. 賣掉波克夏，自行投資。
3. 賣掉波克夏，將資金給他人代操。

無論選擇哪一項，我想，巴菲特和波克夏的副董事長查理·蒙格（Charlie Munger）都已為股東們做好準備：

1. 保留持股》蒙格：「建議不要傻到賣掉」

會選擇保留波克夏持股，大多數是非常忠誠的股東，甚至很多是壓身家在波克夏股票上，且持有 20 ～ 30 年以上。

為此,巴菲特已經做好了萬全的準備。

怎麼說呢?首先,現在的波克夏集團已經是子公司居多,股票投資較少,而子公司又分為保險業和非保險業;因此針對集團的未來營運,巴菲特的規畫分為 4 塊:

1. 保險事業部:由波克夏副總裁阿吉特·詹恩(Ajit Jain)領軍,如果從績效來看,詹恩是波克夏集團中最接近巴菲特的人,他單槍匹馬為波克夏創造的盈餘僅次於巴菲特。

2. 非保險事業部:由另一位波克夏副總裁格雷格·阿貝爾(Greg Abel)掌舵,他掌握需要大量購併、擁有資本配置經驗的波克夏能源公司。

3. 股票投資:交給兩位投資經理人威斯勒(Ted Weschler)和康柏斯(Todd Combs)負責,這兩位較為年輕,可以轟轟烈烈地發揮。有人質疑巴菲特為何找這兩位沒名氣的人?但是巴菲特反駁以知名度找人的觀點,還反問:「有誰聽過 1959 年的查理·蒙格?」

4.非執行長董事長：交給兒子霍華德（Howard Graham Buffett）。巴菲特說過，若霍華德接任後將不支薪，他的任務是守護波克夏的文化；倘若旗下執行長不適任，霍華德可以撤換執行長以維持文化。

我可以肯定巴菲特的接班規畫已經大致完成，證據在於2014年起，巴菲特開始熱情的讚揚波克夏的整體價值，這個動作和過去不同。以往巴菲特會希望股東降低對波克夏的期望值，因為這樣對他比較不會有壓力，可以讓他的表現輕易超過股東期望。

但現在巴菲特希望股東留下來，因此要讓留任的股東有了解波克夏的價值和信心。在2018年5月初的波克夏股東會上，巴菲特直接說自己已經是半退休狀態，他很放心的將公司交給繼承者們。蒙格還告誡他的兒孫輩，如果他過世之後千萬不要傻到賣出波克夏的持股，可見信心之強。

2.自行投資》巴菲特：「我也是這樣致富的」

對於另一群會賣掉波克夏持股、自行投資的股東，通常對自己投資能力很有自信，同時也是最有可能模仿巴菲特

投資方式的人。也就是說，他們本身就是價值投資者，這些股東買入波克夏最重要的部分是基於榮耀感，如果他們賣掉大多數的持股，也會留下少數做紀念。

《下重注的本事》（The Dhandho Investor）作者莫尼斯‧帕波萊（Mohnish Pabrai）和《華爾街之狼從良記》（The Education of a Value Investor）作者蓋伊‧斯皮爾（Guy Spier），曾經一起用 65 萬美元贏得和巴菲特共進午餐的拍賣機會，他們就是屬於這個類別。而我認為，帕波萊是美國投資者之中，能力圈和巴菲特最接近的人。

針對這些股東，巴菲特留下親自撰寫的大量年報，鉅細靡遺分享他的投資知識，還分享了經他認證的推薦書籍。近年來巴菲特本人更留下大量的電子訪談紀錄，以確保他的話不會被人誤解。

巴菲特是個誠實的人，也是個重視隱私的人，大量揭露隱私會讓他感到不舒服，但他身為人生導師的理念、還有對傳授投資技能的渴望，壓過他揭露隱私的不舒服感，讓他持續無私的貢獻智慧。他所留下來的智慧，就像金庸小

說裡劍魔獨孤求敗留下的玄鐵重劍一樣，持之可橫行天下。

如果巴菲特問他的夥伴查理‧蒙格那句名言：「查理，你有什麼要補充的嗎？」蒙格肯定會說：「我的劍留給能揮舞之人。」而那些矢志繼承巴菲特與蒙格精神的價值投資者，即為舞劍之人。

除了智慧傳承之外，巴菲特留下的股東信也可能包含著一些期許，或者隱藏著些許惡作劇心態的挑戰意味。就像《巴菲特的投資原則：股神唯一授權，寫給合夥人的備忘錄》（Warren Buffett's Ground Rules：Words of Wisdom from the Partnership Letters of the World's Greatest Investor）這本書的結尾說的一樣，波克夏年報是一封年復一年的挑戰書，透露著巴菲特寫給下個世代價值投資者的訊息：「我就是這樣致富的，現在來看看你是否能跟上這條路！」

3.給他人管理》巴菲特：「建議買指數型基金」

針對最後一種類別，可能賣掉持股，將錢交給他人代操的股東，這類股東通常不懂投資，所以巴菲特會給的建議，

肯定是建議投資指數型基金。但是巴菲特如果對股東明著
講，波克夏股東肯定很難接受。

　　首先，巴菲特是靠價值投資致富，而非靠投資指數型基
金致富。尤其長時間持有波克夏的人，這些股東可是年年
看著他們的董事長，在年報的首頁上一年又一年的打敗大
盤；當你習慣了巴菲特帶給你的年化 20% 驚人報酬，怎麼
可能接受指數型投資年化 6% ～ 7% 報酬率呢？

　　因此這些因波克夏而致富的股東，最後很可能會被一些
不肖的金融業者推銷表面上看來美好、但實際上不切實際，
甚至會讓股東財富縮水的基金。巴菲特痛恨股東受害，尤
其這些股東可是因他致富的。

　　所以他採取的防禦措施，就是在波克夏年報上推薦指
數型基金，並且和對沖基金「門徒夥伴公司」（Protege
Partners）打賭 10 年內指數型基金將會跑贏精選對沖基金
（贏的人當然是巴菲特）。此外，巴菲特還預先準備了一
筆現金遺產交付信託，受益人是他妻子，信託指示是這樣
的：90% 投資在 S&P 500 指數型基金，10% 購買短期的

美國政府公債。這就是近年來巴菲特不斷推薦指數型基金真正原因，為了避免那些可能賣出持股的波克夏股東受騙。

上述雖然是我的推論，你也有可能不會認同。但是我始終堅信，一個人過去會怎麼做，他的未來就會做出類似的決策；過去巴菲特做的事，未來仍會持續做。

倘若巴菲特辭世，他的遺囑除了給家人、波克夏董事會、波克夏旗下執行長們之外，肯定還會有一封信是給所有波克夏的股東。開頭大概會寫：「致波克夏股東：昨天我永遠離開了，各位除了用通靈板召喚我繼續出任董事長之外，我建議波克夏股東們有以下 3 種選擇……。」

喔！對了，我還有一個個人期望：「我希望巴菲特活到超過 100 歲，而且持續地保持心智敏銳。」

在動盪時代中，找到成功的方程式

寫這本書有個額外收穫，就是在研究了許多卓越的人和公司之後，我等於找到了一個即使在充滿不確定性、且動

盪不安的未來之中，仍能成功的方程式，就是本書的重點：

1. 了解自己的屬性，進入自己的能力圈。
2. 運用複利的力量，加快成功的速度。
3. 打造強大的財務實力，在循環間累積優勢，創造自己的護城河。

巴菲特本身就是運用這個方程式來致富，只是他年復一年、日復一日的堅持原則，這種超乎常人的堅持帶給他驚人的成果。

在我寫書空檔時，經常研究各個雜誌報導，我發現只要特質接近、或者運用類似的原則，他人也能模仿巴菲特，只是形式的不同。

在我個人的觀察中，發現香港富豪李嘉誠的特質和巴菲特很像，兩人都將複利的力量運用得淋漓盡致；只是巴菲特的槓桿是保險業，李嘉誠熱愛的槓桿是營建業。李嘉誠成為地產大王後財富大量提升，並且善用分權制度，同時還能掌握循環的機會。我甚至發現李嘉誠在 1987 年美國

大崩盤之前在港股籌資，之後港股同步崩盤，他在低檔買入股票，整體操作和巴菲特非常接近。

之後我觀察營建業，發現被稱為「神祕地產王」的寶佳機構，營運模式也掌握了類似要素。傳聞寶佳機構的創辦人林陳海對數字非常敏感，經營模式是快速的銷售房子，絕不養地，因此掌握了複利要素：「槓桿」和「時間差」；同時運用該公司的「寶佳基金」制度，分權給旗下的經理人，擴增集團規模和報酬率。這證明，只要掌握「能力圈」、「複利要素」和「具備強大的財務實力」，各產業都能運用這些原則，創造驚人的成果。

影響這個方程式的成果，只有兩項心理要素：「滿足感」和「危機感」。

給下一位價值投資者的備忘錄

我花很多時間研究其他的投資人，至少找到 7 ～ 8 個和我風格接近的投資人，也就是說我們的能力圈很接近。其中有些人家境不錯，有些人則自幼貧困，他們的投資績效

都打敗同期間的大盤，但是也有落差，年化報酬率普遍介於 11% ～ 30% 之間。

最令我驚訝的是，家境好的人，年化報酬率相對低；自幼貧困的人，年化報酬率相對高，我認為差異在於危機感的落差。

如果你自幼生活在安全的環境，可以很容易感覺到「足夠了」，這沒什麼不好，知足常樂是件好事，但是對自幼生活在動盪不安環境的人來說，危機總是在未知的時候發生，因此他們充滿危機感和不安全感；同時，也擁有堅定又自律的意志力，以對抗這些不確定性的挑戰，最終提高了報酬率。

但是危機感還不夠，如果想要減少走冤枉路，以下是我給「準備成為一位價值投資者」的備忘錄：

1. 閱讀的素材將大幅影響你的思考品質

我經常在網路上看到不錯的價值投資者文章，有一位我認為具有潛力的年輕價值投資者，覺得他具備投資的才華，

同時也有更多更好的潛力有待開發。

　　但是他所閱讀的文章總是堅決的告訴他「沒人能打敗大盤」、「未來有不可測的黑天鵝」。受到這些訊息的影響，他就像小時候曾被細鐵鍊綁住無法掙脫的大象一樣，即使未來長大後會力大無窮，牠仍然認為自己無法掙脫細鐵鍊。

　　這樣的損失會有多大？假設他未來有可能年化報酬率11% ～ 30% 以上（別以為不可能），但是他卻相信無法打敗大盤，便將自己的資金投入年化報酬率 6% ～ 7% 的指數型基金上，讓自己未來可能累積的財富將大幅縮水。

　　另一點，因為他的能力圈在投資這個領域，卻沒充分開發自身的投資能力，把時間與精力用在其他領域，那麼永遠無法取得頂尖的成果。他非常有可能在工作上面臨職場的天花板，未來的工作成就感也會不足，這一切僅是他堅信自己看的文章內容（由無法打敗大盤的人所撰寫），但他卻沒想到閱讀的素材，會大幅度的影響自己的思考品質。

　　站在競爭對手的立場（畢竟股市的每一個買家都可以視

為是你的競爭對手），也許我們應該要協助推廣這種「沒人能打敗大盤」的理念，那麼競爭者就會自動消失了。但是站在教育者的立場來說，我看到具有潛能的人卻無法充分發揮，實在是難以忍受，也許這本書能幫助的有限，但是我至少可以提醒你：「你足以掙脫鐵鍊」。

2.仿效有助提升自己的優良典範

理想的閱讀素材應該要能協助你建構基本技能，提升進階能力。基本技能包含：「了解價值投資的概念」、「閱讀財報的能力」、「了解卓越公司之所以卓越的原因」、「了解市場心理學」這 4 大項，本書提到的所有書籍都建議你反覆閱讀，我本人至今也持續的閱讀這些書。

在這段時間你可能會犯的錯誤就是「以為讀愈多書愈好」。你會發現網路上不少人宣稱自己 1 年看過上百本書，好像很厲害似的，但你要擔憂的不是競爭對手的閱讀量，因為大多數的人看書都不深入，閱讀很淺的對手不足為懼。你該擔憂的是那些「能把經典書籍轉化為實際應用」的競爭對手，這些人不但有實力，也有能力；正確說來，你應該以成為這種「被擔憂的對手」為目標才對。

進階技能則建議以巴菲特為師，進行徹底地模仿，因為模仿頂級投資人是成功的捷徑。只是也有很多人會告訴你：「不要模仿巴菲特，要做自己。」這句話後半段是對的，前半段則有待商榷。

很多人模仿巴菲特只是模仿表層，並未仔細又深入的學習，你應該做的是像美國心理學教授艾瑞克森（Anders Ericsson）和數學博士普爾（Robert Pool）的著作《刻意練習》（Peak）中所建議的──尋找可以幫助你提升能力的優良典範。

在美國，模仿巴菲特最成功的投資者就是帕波萊；斯皮爾對他的形容是：「他會不眠不休地模仿細節。」甚至直接坦誠地說：「當帕波萊的打雜小弟並不丟臉，我和他實在差太遠了。」而蒙格也讚美帕波萊，認為他是少數全力複製巴菲特合夥事業結構的經理人，也是極為優越的基金經理人。

《刻意練習》書中提到：「頂尖專家的特質之一，就是在能力圈內就算出類拔萃，也孜孜不倦地精進自我，創下

更新的紀錄，向全世界的人展示人類的極限值，最終，他們超越了自身領域的既有知識，做出獨特的貢獻。」

巴菲特的表現就如同前述一樣，成了投資界極佳的典範，我們該做的就是竭盡所能地模仿，重點在於「竭盡所能」。

3.愈早開始學投資愈好

台灣的價值投資環境並不是沃土，不過這幾年有逐步好轉的狀況，許多出版社出版了非常好的書籍提供學習。但是學習需要時間，學習的過程是一種強化神經連結、優化心智表徵的訓練，這需要時間；如果把你可能會走的冤枉路時間也算下去，那所需的時間可能更多。

在這段過程中，你必須堅定的相信自己能夠達到巔峰。也許有人會認為這是自信過度；但在我看來，能力圈內的自信過度，總比自信不足來得好，只有走出能力圈的時候，過度自信才會傷害你。更何況頂尖的價值投資人總是既自負又謙虛，因為進入能力圈，他才擁有打敗大盤的自負，堅信自己能有長期完美的表現。因為謙虛，他會知道好運和厄運會在人生中持續出現；為了避免被厄運擊潰，他會

建立足夠的緩衝部位，時時檢討自我。

在你堅定自己的道路時，須謹記價值投資之父葛拉漢（Benjamin Graham）的名言：「你是對是錯，跟他人是否認同一點關係也沒有，你的對錯只跟資料和邏輯推理是否正確有關。」附帶一提，買這本書的決定絕對正確，毋庸置疑。

感謝與檢討

本書能成功出版，要感謝《Smart 智富》出版社的慧眼，總編輯林正峰從我出第 1 本書就對我另眼相看，也給了我非常大的發揮空間。我曾經擔憂這本書會不適合出版市場，尤其在書市萎縮到足以讓出版社感到艱困的情況下（白話一點叫做我覺得這本書可能會賣得不好，害出版社虧錢），他仍然告訴我好書不寂寞，為此我非常感謝。

我也要感謝副總主筆暨採訪主任劉萍，她如同我的大姊一樣照護我，以她多年的採訪經驗和深入的觀察力，常讓我卡關的問題茅塞頓開，許多體貼和關照也讓我由衷感激。

以及和我合作了 3 本書的企畫編輯黃娑琪，當初稿完成
一部分時，娑琪給了非常多有用的回饋，讓本書的品質有
效的提升。有她這樣一流企畫編輯的協助，大幅度地增加
書稿的流暢度和充實性，讓讀者享受到更高品質的閱讀樂
趣。甚至可以說：如果不是娑琪，本書沒辦法完整的呈現
給讀者，真的非常感謝娑琪的辛勞和忍受我的拖稿。

　　感謝之外，也有檢討。關於本書，我很抱歉無法讓本書
力臻完美，本書大多數的案例都集中在巴菲特和台積電
（2330）；如果可以，我希望能讓本書的每個章節，都有
足夠的案例能解析。無奈這樣必須耗費更大的研究工程，
如果未來有人對這類的主題有興趣，又剛好能力圈和我契
合，歡迎接手後續的相關研究。

　　如果本書能讓你有所收穫，所有的投資智慧都歸功於
成長股之父、《非常潛力股》（Common Stocks and
Uncommon Profits and Other Writings）作者費雪（Philip
Fisher）、企管大師柯林斯和巴菲特這些大師的睿智見解；
沒有這些大師，本書無法完成，感謝再多都不夠。如果本
書對前述大師的思考上有誤解或錯誤的地方，這些責任都

由我承擔。

　當然，最後要感謝讀者購買本書（在書局翻這頁的你，快入手吧！），我不知道我寫的書是否能讓具備類似特質的人能看到，但只要這些書能讓其中某個人看到，協助他縮短學習的過程，並且做出投資上的改變，那麼我花數十個月苦思和打字的成果，將會非常的值得。如果你對本書有任何的心得，或者單純想和我用 Email 閒聊一下，無論你是年輕學子、職場中堅分子或者是令人尊敬的商場前輩，都歡迎你和我分享，請寫信到：

service.redhouse@gmail.com

　誠摯的感謝你，在這風起雲湧的 2019 年，人生的競賽才正要開始。

價值投資者

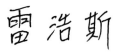

雷浩斯 線上

500元 專屬優惠折扣碼

「20堂課教你存好股,打造投資現金流!」五星級好評!超過900人一起參與學習的線上價值投資課程,不限時間地點、無限次數的學習。

線上價值投資課程 折價500元

折扣代碼 redhouseVIP

◎3小時系統化課程
並贈送4堂獨家解鎖課程:

1. 巴菲特早期投資案例:登普斯特機械公司
2. 巴菲特中期投資案例:時思糖果
3. 巴菲特在股市高點的應對措施
4. 如何成為價值投資者

課程 20堂課教你存好股 打造投資現金流!

◎如何使用讀者禮

步驟1 輸入以下網址:https://bit.ly/ 2KbDyQU,或掃描右邊的QRCode,進入線上 課程介紹頁。

步驟2 按下「立即購買」,於「我有優惠券」欄位,輸入本書專 屬優惠券代碼「redhouseVIP」後,並按下「使用」按鈕,畫面顯 示「使用優惠券-NT $500」,即為套用成功!

* 如有操作問題,請看「常見問題」(http://bit.ly/2OgTxh8)

國家圖書館出版品預行編目資料

雷浩斯教你破解巴菲特護城河選股祕密 / 雷浩斯著. -- 一版. --
臺北市：Smart智富文化, 城邦文化, 2019.04
　面；　　公分
ISBN 978-986-97152-7-0(平裝)

1.股票投資 2.投資技術 3.投資分析

563.53　　　　　　　　　　　　　　　　108003166

Smart 智富

雷浩斯教你破解巴菲特護城河選股祕密

作者	雷浩斯
企畫	黃嫈琪

商周集團	
榮譽發行人	金惟純
執行長	王文靜

Smart 智富	
社長	朱紀中
總編輯	林正峰
攝影	翁挺耀
資深主編	楊巧鈴
編輯	李曉怡、林易柔、邱慧真、胡定豪、施茵曼
	連宜玫、陳庭瑋、劉鈺雯
資深主任設計	張麗珍
封面設計	廖洲文
版面構成	林美玲、廖彥嘉

出版	Smart 智富
地址	104 台北市中山區民生東路二段 141 號 4 樓
網站	smart.businessweekly.com.tw
客戶服務專線	（02）2510-8888
客戶服務傳真	（02）2503-5868
發行	英屬蓋曼群島商家庭傳媒股份有限公司城邦分公司

製版印刷	科樂印刷事業股份有限公司
初版一刷	2019 年 4 月

ISBN	978-986-97152-7-0

定價 350 元

 **讀者服務卡**

為了提供您更優質的服務，《Smart 智富》會不定期提供您最新的出版訊息、優惠通知及活動消息。請您提起筆來，馬上填寫本回函！填寫完畢後，免貼郵票，請直接寄回本公司或傳真回覆。Smart 傳真專線：(02) 2500-1956

1. 您若同意 Smart 智富透過電子郵件，提供最新的活動訊息與出版品介紹，請留下
   電子郵件信箱：＿＿＿＿＿＿＿＿＿＿＿＿＿＿＿＿＿＿＿＿＿＿＿＿＿＿＿

2. 您購買本書的地點為：□超商，例：7-11、全家
   　　　　　　　　　　□連鎖書店，例：金石堂、誠品
   　　　　　　　　　　□網路書店，例：博客來、金石堂網路書店
   　　　　　　　　　　□量販店，例：家樂福、大潤發、愛買
   　　　　　　　　　　□一般書店

3. 您最常閱讀 Smart 智富哪一種出版品？
   □ Smart 智富月刊（每月 1 日出刊）　　□ Smart 叢書　　□ Smart DVD

4. 您有參加過 Smart 智富的實體活動課程嗎？　□有參加　　□沒興趣　　□考慮中
   或對課程活動有任何建議或需要改進事宜：＿＿＿＿＿＿＿＿＿＿＿＿＿＿＿＿

5. 您希望加強對何種投資理財工具做更深入的了解？
   □現股交易　　□當沖　　□期貨　　□權證　　□選擇權　　□房地產
   □海外基金　　□國內基金　　□其他：＿＿＿＿＿

6. 對本書內容、編排或其他產品、活動，有需要改善的事項，歡迎告訴我們，如希望 Smart
   提供其他新的服務，也請讓我們知道：＿＿＿＿＿＿＿＿＿＿＿＿＿＿＿＿＿＿

您的基本資料：（請詳細填寫下列基本資料，本刊對個人資料均予保密，謝謝）

姓名：	性別：□男　□女
出生年份：	聯絡電話：
通訊地址：	

從事產業：□軍人　□公教　□農業　□傳產業　□科技業　□服務業　□自營商　□家管

您也可以掃描右方 QR
Code、回傳電子表單，
提供您寶貴的意見。

想知道 Smart 智富各
項課程最新消息，快加
入 Smart 自學網 Line@。

104 台北市民生東路 2 段 141 號 4 樓

行銷部 收

●請沿著虛線對摺，謝謝。

書號：WBSI0081A1
書名：雷浩斯教你破解巴菲特護城河選股祕密

超額報酬：
向全球頂尖投資大師學習如何打敗大盤

作者：弗雷德里克·范哈弗貝克／定價：480元

全球傳奇投資人如何年復一年打敗大盤？

他們的技巧為何如此相似？

本書將指引你學習這些頂尖投資人的操作精華

包括挖掘便宜股、基本面分析、尋找買賣點等

設法避開錯誤、穩健提升投資報酬

會計師低價存股術 用一張表存到1300萬

作者： 丁彥鈞／定價：380元

作者投資經驗逾10年，已累積1,300萬元資產

他利用會計師分析財報的專長

自創「價值股篩選模型評價表」

選出適合長抱的好股，並用相對便宜價位買進

本書也大方公開作者的成長股投資法

教讀者如何搭配成長股放大報酬率

想便宜買進平庸公司股票？
不如用合理價投資真正卓越的公司

為什麼好公司的股價愈漲愈高？就算你買到好股票，當股價繼續漲，你敢不敢繼續抱？本書作者雷浩斯這次要教你，與其買平庸股票賺普通報酬，不如訓練自己擁有識別好股票的洞見，買卓越公司賺到超凡報酬！

現在的合理價，會成為未來的便宜價

合理價買進持有「內在價值持續成長的公司」，你會發現，當初買進的合理價，竟能成為未來的便宜價。

好公司股價也有下跌的時候，3策略掌握買進時機

卓越公司的股價，從現在來看，往往不便宜，教你巧妙運用市場貪婪與恐懼的心理落差，抓住理想買進機會！

找出未來也能繼續卓越的公司

教你研判公司未來能否持續卓越的訣竅──分析老闆是否為股東著想、判斷公司是否進入「能力圈」，以及是否擁有護城河。

判別公司是否具備護城河優勢

當你發現公司擁有強大的財務實力、經營者正直且善於用錢、具備可持久的競爭優勢，你很可能找到了一家具有護城河優勢的好公司。

Smart 智富

ISBN 978-986-97152-7-0
00350
9 789869 715270

WBSI0081A1　　定價：350元

建議陳列：投資理財類